ぼくは恐竜探険家！

小林快次
KOBAYASHI YOSHITSUGU

講談社

Mongolia

モンゴルの
発掘基地

地表に表出していた
シノルニトミムスの前あしの化石

地表の化石を調べる筆者

崖を登りながら
化石を探す筆者

化石を見ながら
仲間の研究者と
意見をかわす

Alaska

この広大な山のどこかに
恐竜の化石が眠っている

海に流されるむかわ竜の想像図

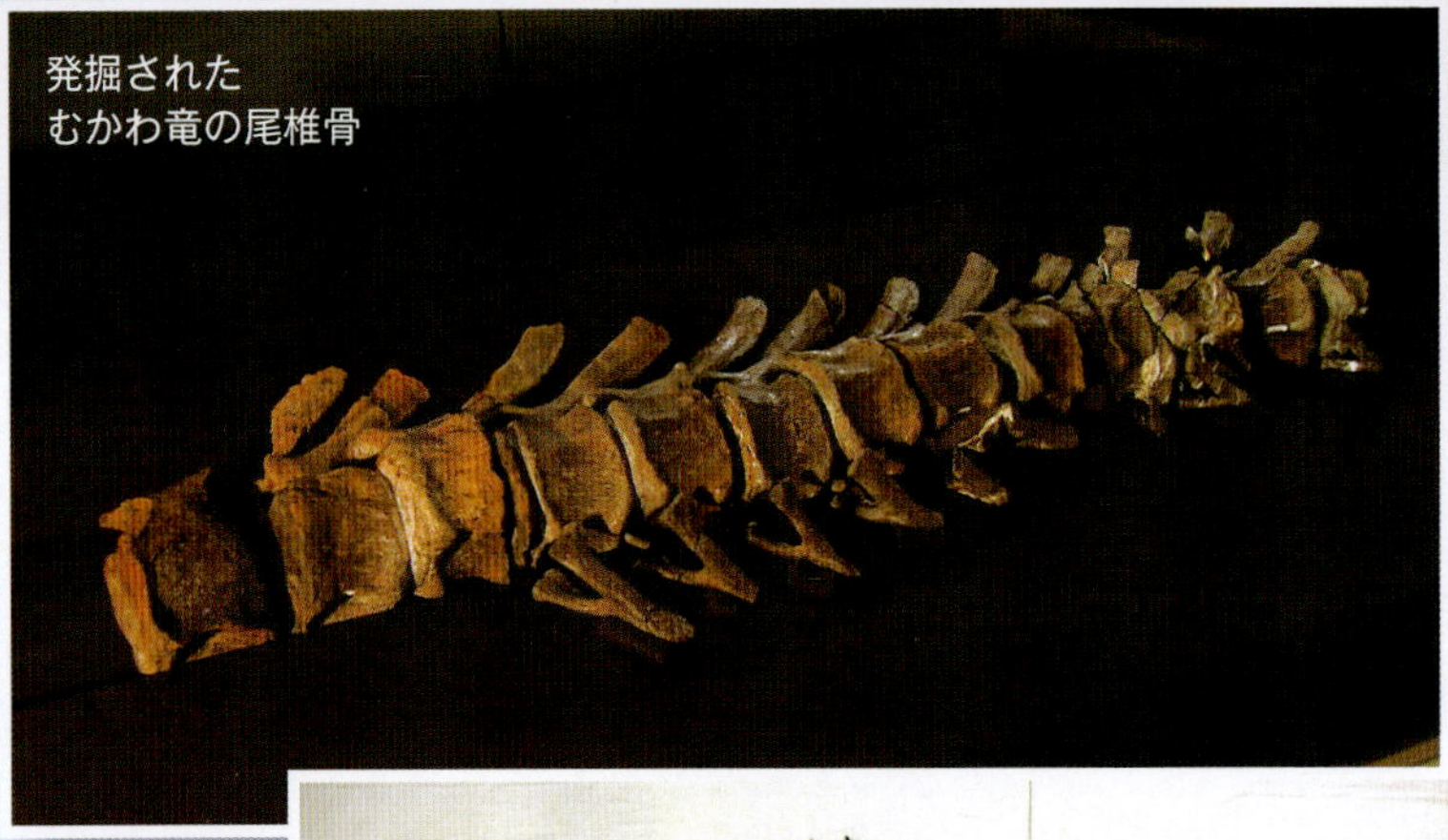

発掘された
むかわ竜の尾椎骨

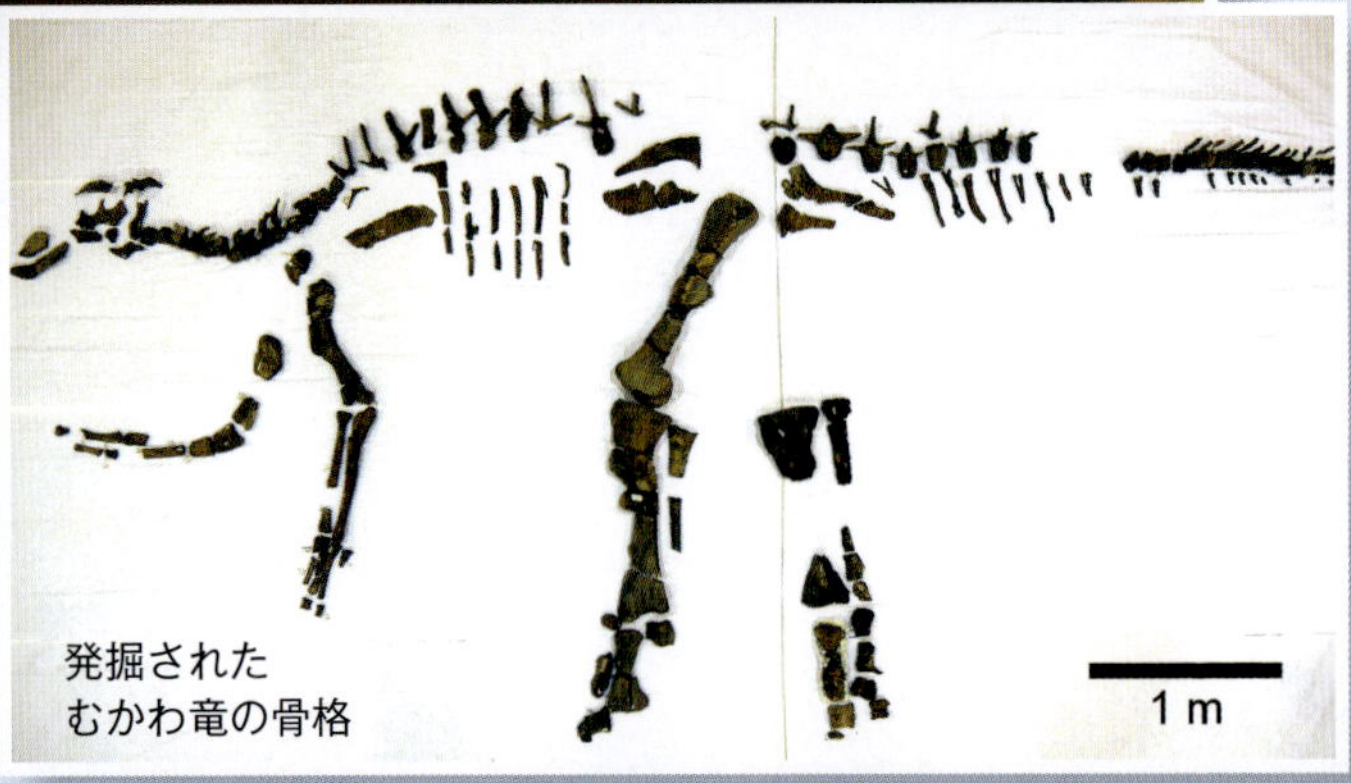

発掘された
むかわ竜の骨格

ぼくは恐竜探険家！

もくじ

第四章 「ハヤブサの目」とよばれて ……95

第五章 さらに広がる恐竜ワールド ……161

第一章

ぼくが恐竜ハンターになったわけ

恐竜より仏像《ぶつぞう》に夢中《むちゅう》だった少年時代

ぼくが生まれた福井県《ふくいけん》は、恐竜の化石がよく見つかることで知られている。しかし、恐竜フィーバーのはじまりは恐竜ではなく、じつはワニの化石だった。

勝山《かつやま》市内には杉山川《すぎやまがわ》という小さな川が流れている。その川に露出《ろしゅつ》する崖《がけ》から、中生代白亜紀《はくあき》前期（約1億4500万年前から1億50万年前）のものと思われるワニ類の化石が発掘《はっくつ》されたのは、1982年のこと。つまり、いまから36年前になる。中生代の生物の全身骨格《こっかく》が、1体分まるまる発見されるのは日本ではとてもめずらしい。

その3年後の1985年、勝山市と隣接《りんせつ》する石川県《いしかわけん》の白峰村《しらみねむら》（現在《げんざい》の白山市《はくさんし》）で、肉食恐竜（獣脚類《じゅうきゃくるい》）の歯の化石が1本発見された。これが、北陸エリアで初めて発見された恐竜の化石だ。

すぐとなりの石川県で恐竜の化石が見つかったのだから、おなじ地層《ちそう》がつらなっている福井県にも、きっと恐竜が存在《そんざい》していたにちがいない。そう考えるのは自然なことだろう。しかも、恐竜時代のワニ類の化石が見つかっている。

　1988年、ワニ化石の見つかった場所で、恐竜を見つけるべく予備調査《よびちょうさ》がおこなわれた。すると予想どおり、肉食恐竜の歯など、恐竜の化石が発見された。この成果によって、石川県《いしかわけん》だけではなく、福井県《ふくいけん》にも恐竜化石が数多く埋《う》まっていることを確信《かくしん》し、1989年から本格的《ほんかくてき》な発掘《はっくつ》調査がおこなわれた。その後、次々と恐竜化石が福井県勝山市《かつやまし》から発見されることとなる。

　まだ福井県や石川県といった区分けが存在《そんざい》しない太古の昔、恐竜はたしかにこの場所で生きていた。いまこうして化石が見つかっているのは、恐竜時代の地層《ちそう》の一部が、地上に露出《ろしゅつ》しているからだ。その後も福井県内の地層からは、新種の恐竜をはじめ、多くの脊椎《せきつい》動物の骨《ほね》や足跡《あしあと》の化石が発見されている。

　そうした地域《ちいき》で生まれ育ったことは、ぼくがいまこうして恐竜学者となったことと無関係ではないだろう。

初めて県内でワニの化石が発見されたときは、ぼくはまだ小学生だったから、それがどのくらいすばらしく、貴重《きちょう》な発見なのか、あまりピンときていなかった。

小学生の男子なら、図鑑《ずかん》などで恐竜に強い興味《きょうみ》をもちそうなものだが、どちらかといえばぼくは、お寺や仏像《ぶつぞう》、古墳《こふん》など、この国の古いものに興味をもつ少年だった。父親から「誕生日《たんじょうび》プレゼントはなにがほしい?」と聞かれたら、迷《まよ》わずお城《しろ》の写真集をねだっていたほどだから、いまにして思えばずいぶん渋《しぶ》い子どもだったように思う。

休みの日には、お寺に仏像を見に行くこともしばしばで、とくにお気に入りだったのは弥勒菩薩像《みろくぼさつぞう》だ。

雄々《おお》しい迫力《はくりょく》をもつ不動明王像《ふどうみょうおうぞう》も好きだったけど、穏《おだ》やかな表情《ひょうじょう》にどこか深い思慮《しりょ》を感じさせる弥勒菩薩像が、ぼくのなかでは断《だん》トツのナンバーワン。ひまさえあれば、写真をながめてうっとりしていた。

そんなぼくが化石の採掘《さいくつ》にのめりこむようになったのは、中学校へ上がってからのこと。きっかけは担任《たんにん》の先生にすすめられて入部した理科クラブだ。

もともと理科は大好きで、とくに化学や天文学に興味《きょうみ》があった。だから理科クラブの活動はぼくにとって大きな楽しみの一つだった。

ある日、顧問《こもん》でもあった担任《たんにん》の吉澤《よしざわ》先生から、こんな言葉をかけられた。

「化石を掘《ほ》りに行ってみないか？　福井《ふくい》ではアンモナイトや三葉虫の化石がたくさん見つかっているんだぞ。」

この時点ではアンモナイトのことも三葉虫のことも、大昔の生き物であることくらいにしか理解《りかい》していなかったけど、自分の

三葉虫

手で本物の化石が掘《ほ》りだせるならすごいことだ。ぼくはこの化石発掘《はっくつ》ツアーに、おなじ理科クラブの仲間4人で参加することにした。

このツアーは福井県立博物館が主催《しゅさい》するもので、吉澤《よしざわ》先生の引率《いんそつ》により、貸《か》し切《き》りバスに乗って学校からおよそ1時間、和泉村《いずみむら》（現《げん》・大野市《おおのし》）で化石採集《さいしゅう》はおこなわれた。

石と会話をする

深い草むらをかき分けながら、化石の出る場所へと案内された。やっとたどりついた発掘場所は、猫《ねこ》の額《ひたい》という言葉がぴったりの狭《せま》い場所だった。化石を掘るという目的がなければ、まず訪《おとず》れることはない場所だ。

ここでぼくらは、吉澤先生の指示《しじ》にしたがって、それぞれ適当《てきとう》なスペースを見つけて化石を掘りはじめた。

しかし、まったくの未経験《みけいけん》なので、どうすればいいのかわからない。ぼくらは先生に教えられるまま、そこら中から石を見つけてきては、持参したハンマーでたたいて割《わ》りはじめた。

見た目にはなんの変哲《へんてつ》もないただの石でも、それは古代の地層《ちそう》のかけらなのだと先生はいう。長い時間をかけてその石のなかに閉《と》じこめられ、化石となった生物たちを、なかから取りだすのだ。

本当に石のなかに昔の生物がいるのか、正直いって半信半疑《はんしんはんぎ》だったが、それでもひたすら石を割り続けるぼくたち。

おもしろいもので、石は〝目〟にそってたたけば、パリンときれいに割れる。何万年もかけて積み重なった地層の断面《だんめん》にそって、ハンマーで打撃《だげき》をくわえれば、はがれるように割れるのだ。

ただし、その〝目〟を読むのがとてもむずかしい。

当てずっぽうにハンマーでたたいても、反動で手がしびれるばかりで、へたをするとケガをしてしまう。最初のうちは化石を見つけるどころか、石をきれいに割《わ》る作業にかなり苦労させられた。

ぼくらが苦戦している様子を見て、先生がいった。

「もっと、石と会話をしてごらん。」

もちろん、石が言葉を話すわけはない。最初は先生のいう意味が、ぼくにはよく理解《りかい》できなかった。

それでも根気よく石をたたいているうちに、それは「石を見ながらどのように地層《ちそう》の境目《さかいめ》が入っているかを観察しなさい。」という意味なのだと気がついた。

たとえば手のひらサイズの石のなかに、親指くらいの小さなアンモナイトの化石が埋《う》まっている場合。石の割りかたによっては、化石を見逃《みのが》してしまうことがある。だから、手にした石をたたいてすこしずつ、慎重《しんちょう》に小さくしていかなければならない。

これは非常《ひじょう》に地道な作業だ。でも、パリンと割れる石の感触《かんしょく》が意外と楽しくて、ぼくらは夢中《むちゅう》になって石をたたき続けた。

そのうち、周囲の人たちから「あった!」とか「貝の化石だ。」といった声があがりはじめる。それも一人や二人ではなく、そこら中から化石の発見をよろこぶ声がきこえてくる。

この一帯には本当に恐竜が埋《う》まっているんだ――。そう思うと胸《むね》が高鳴り、周囲の歓《かん》声《せい》が大きなはげみになった。

ところが、どういうわけか、ぼくら4人だけが割《わ》っても割っても空振《からぶ》り続き。一向に化石を掘《ほ》りあてることができない。そうしているあいだにも、周囲では次々に化石が見つかっているようだった。

初めての化石発掘《はっくつ》体験

次こそは、次こそは、と石をたたき続けるものの、やっぱり石のなかからはなにも出てこない。

すぐそばでは、小学校低学年くらいの子どもたちが、化石を手にして大喜びしている。それを横目にくやしい思いを押《お》し殺《ころ》し、だまって石を割《わ》り続《つづ》けるぼくたち。なかには2つも3つも化石を見つけ、すでに飽《あ》きてしまっている子どもまでいる。

なぜ、ぼくらだけが見つけられないのか？

もしかすると、化石が小さすぎて見逃《みのが》してしまっているだけかもしれない。

そう思って、一度割った石の破片《はへん》をあらためてチェックしてみたが、やはりそこにはなにもない。

そうしているうちにやがて、1時間、2時間と、どんどん時間がたっていく。それがますますぼくたちを焦《あせ》らせる。

そしてついに発掘終了《はっくつしゅうりょう》の時間がやってきた。結局、ぼくたち理科クラブのメンバーは、だれ一人として化石を掘《ほ》りあてることができなかったのだ。

「──それではみなさん、帰る支度《したく》をしてバスに乗ってください。」

吉澤《よしざわ》先生のその言葉を、ぼくらはなかば呆然《ぼうぜん》と聞いていた。あまりのくやしさに、4人ともほとんど口を開かない。あきらめがつかないのだ。

そんなぼくらの様子を見かねてか、先生がいった。

「おまえたち、そんなに心残りなら、のこって発掘《はっくつ》を続けるか？」

よほど落《お》ち込《こ》んだ顔をしていたのだろう。バスには乗らず、発掘を続行しようと先生は提案《ていあん》してくれた。帰りは先生が自分の車で送ってくれるという。

この提案に、ぼくたちは考えるまでもなく飛びついた。そして再《ふたた》び先生といっしょに化石を掘《ほ》り続《つづ》けた。

日がすこしずつかたむいていくなか、てごろな石を見つけてきては、ハンマーでたたく。皆《みな》、黙々《もくもく》とその作業をくりかえした。

そうしてついに、ぼくが割《わ》った石のなかから、あきらかに生物のものと思われるフォルムが顔をのぞかせた。

「あった――！　これは……アンモナイトだ！」

このときに掘《ほ》りあてたアンモナイトの化石は、直径1センチにも満たない、親指の先くらいの本当に小さなものだった。

それでも、サイズなんてこの際《さい》どうでもいい。とうとう手にした古生物の化石に、ぼくは飛びあがってよろこんだ。

すぐに先生や仲間たちが駆《か》け寄《よ》ってきて、ぼくが掘りだした化石をまじまじと見つめる。

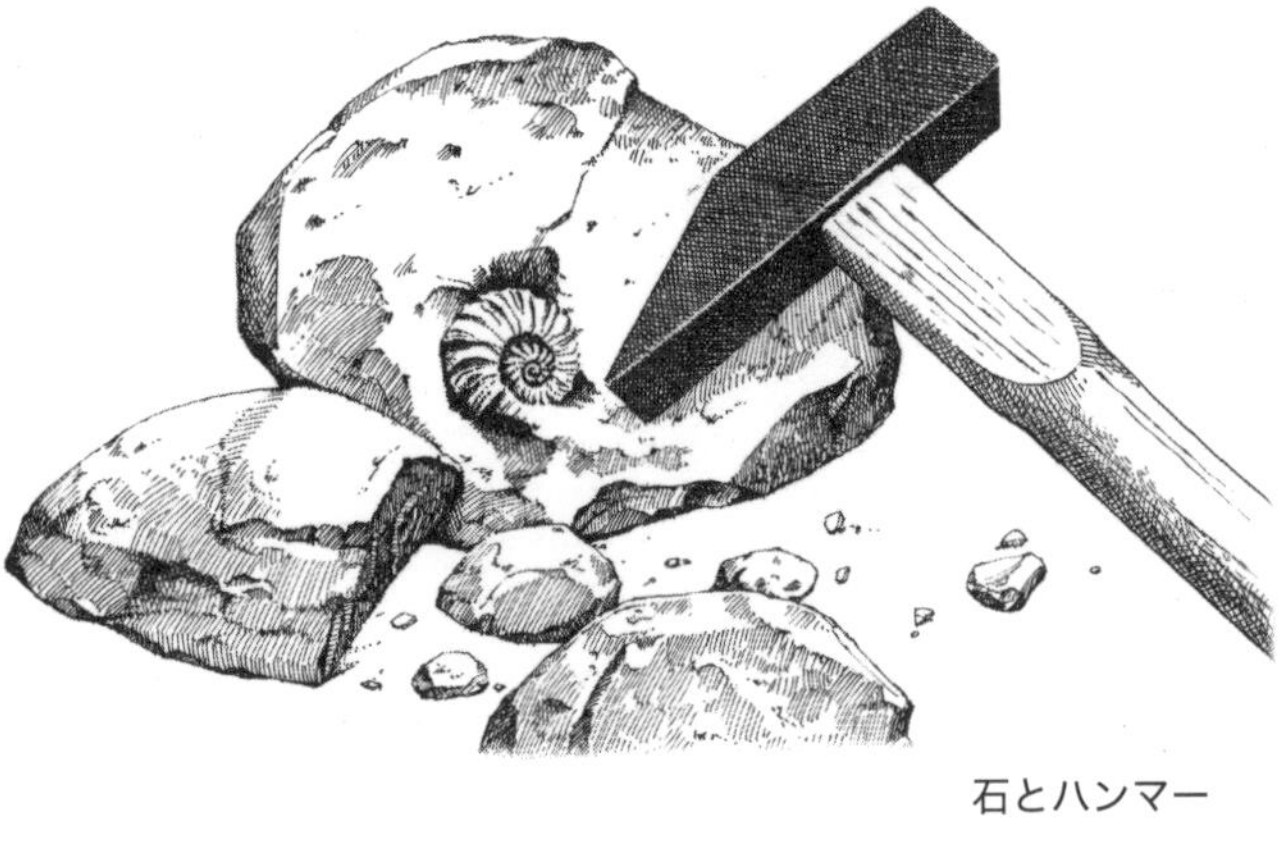

石とハンマー

「うん、これはすごいことだよ。なにしろ1億5000万年前の生物なんだから。」

先生がいった。

1億5000万年前の生物が、いま自分の手のなかにある。あまりに長い時間を隔《へだ》てているため、あまりピンとこなかったが、目の前にはっきりとアンモナイトの姿《すがた》があることに、ぼくは大きな感動をおぼえた。

これが、ぼくが初めて長い長い地球の歴史にふれた瞬間《しゅんかん》である。

かつてこの小さなアンモナイトが生きて動いていた姿を想像《そうぞう》すると、なんともいえない感慨《かんがい》で胸《むね》がいっぱいになる。

それ以来、ぼくは化石を掘《ほ》ることに夢中《むちゅう》になった。学校の授業《じゅぎょう》が終わったあとや週末など、すこしでも時間があればハンマーをもって自転車に飛び乗る日々だった。

いまにして思えば、最初から簡単《かんたん》に化石を見つけていたら、これほど化石に心を奪《うば》われることはなかっただろう。

大人になってからこうして恐竜学者となった現実《げんじつ》を踏《ふ》まえれば、ぼくら4人だけがどうしても化石を掘《ほ》りあてられずにいたのは、一つの運命だったのかもしれない。

地層《ちそう》をとおしてタイムスリップを楽しむ

中学時代のぼくは、とにかく夢中になって化石を掘っていた。

平日は理科クラブの面々と連れ立って、学校から自転車で30分ほどの場所で植物化石や貝化石を掘る。

午前中だけで授業が終わる土曜日は、いったん帰って道具をかばんにつめて、やはり自転車で1時間半ほど走ったところにあるジュラ紀の地層へ行き、植物化石などを採掘《さいくつ》する。

そして日曜日ともなれば、電車に乗って和泉村《いずみむら》へ向かい、朝から日が暮《く》れるまでひたすらアンモナイト化石を掘り続けた。

たくさんの石を割《わ》るのは、地道で根気のいる作業だ。しかしぼくは、なかからどんなお宝《たから》が飛びだすかわからない、玉手箱をあけるような楽しみを感じていた。

それは、何億年という時を刻《きざ》んできた石と向きあう貴《き》重《ちょう》な時間でもある。1億5000万年前にここで暮《く》らしていた生物と、現代《げんだい》に生きる自分にこうして接点《せってん》が生まれることは、それだけで大きなロマンだ。

まして福井県《ふくいけん》には、さまざまな時代の地層《ちそう》が存在《そんざい》している。白亜紀《はくあき》でもジュラ紀でも、好きな時代をえらんで採掘《さいくつ》に行くことは、自由にタイムスリップを楽しむようでもあった。

不思議なもので、それまではなにをやっても三日坊主《みっかぼうず》だったぼくなのに、化石を掘《ほ》ることに関してはまったく飽《あ》きることがなかった。

また、夢中《むちゅう》になっていたのは掘る作業だけでない。見つけた化石は、大切に新聞紙にくるんでもち帰り、自宅《じたく》でクリーニングするまでが1セットだ。

クリーニングとは、化石をおおっている石を取《と》り除《のぞ》く作業のこと。ハンマーやタガネをつかって、細部を丁寧《ていねい》に掘《ほ》りだしていくのだ。植物でも貝でも、石をはじいていくと、すこしずつ鮮明《せんめい》な姿《すがた》が浮《う》かびあがってくる。その過程《かてい》が純粋《じゅんすい》に楽しかった。

毎日ハンマーを片手《かたて》に出かけ、家ではクリーニングの作業に没頭《ぼっとう》するぼくを見て、母はよく、「いままで15分以上机《つくえ》に向かっている姿を見たことがないのに、本当によく続くものだな。」と呆《あき》れていた。

ぼくとしては、コツコツがんばっていたというよりも、飽《あ》きたらいつでもやめればいいと思っていただけのことだ。ただ気の向くままに作業を続けていたら、そのまま大人になってしまったように思う。つまり、ぼくがいま、こうして恐竜学者を職業《しょくぎょう》としているのは、三日坊主《みっかぼうず》の延長《えんちょう》なのだ。

おかげで気がつけば、家中が化石だらけになっていた。両親からすれば、それはただの泥《どろ》まみれの石にしか見えないから、「邪魔《じゃま》だから捨《す》てなさい。」と怒《おこ》られることもたびたびだった。

それでも、ぼくは来る日も来る日も化石を掘《ほ》り続《つづ》けた。もっときれいな化石を見つけたい。明日はさらに大きなアンモナイトが見つかるかもしれない。

新種のアンモナイトを発見！

化石を掘り続けているうちに、うれしいできごとがいくつかあった。

中学1年生と2年生のときには、それぞれ市が主催《しゅさい》する「理科作品コンクール」で、出展《しゅってん》したアンモナイトの化石が市長賞をとっている。勉強であまりほめられる機会がなかったぼくにとって、これは誇《ほこ》らしいことだった。

また、3年生のときには、特別賞ももらった。このときのアンモナイトの化石は、いっしょに発掘《はっくつ》した友人と共同で出展したものだったのだが、これが思いがけない展開《てんかい》をよぶ。

ある日の体育の授業中《じゅぎょうちゅう》、全校放送で、「小林快次《よしつぐ》くん、職員室《しょくいんしつ》に来なさい。」とよびだされた。

なにか怒《おこ》られるようなことをしただろうかと、思わず青ざめたぼくだったが、先生の口から出た言葉は予想外のものだった。なんと、出展《しゅってん》したアンモナイトのなかに、新種がまざっている可能性《かのうせい》があるというのだ。アンモナイトの研究で有名なある先生から、福井《ふくい》県立博物館をとおして、そう学校に連絡《れんらく》が入ったのだという。

これにはぼくもびっくり。たくさん掘《ほ》りだしているうちに、アンモナイトにもいくつかの種類があることはなんとなく気づいていたけど、まだ学界で確認《かくにん》されていないものがふくまれているとは夢《ゆめ》にも思わなかった。

そこで担任《たんにん》の先生と、いっしょに発掘《はっくつ》した友人とぼくの3人は、福井県立博物館の学芸員に会うこととなった。

「これはたいへん貴重《きちょう》な新種の可能性が高いので、この化石を研究用に寄付《きふ》してもらえませんか。」

寄付《きふ》。つまり、化石を渡《わた》せというのだ。

これには思わずムッとした。苦労して集めた化石を、なぜ見ず知らずの大人に渡さなければならないのか。

ましてその化石は、これまでに見つけたアンモナイトのなかでも、とりわけ美しいものだった。ぼくとしてもいちばんのお気に入りだったからこそ、自信をもってコンクールに出展《しゅってん》したのだ。

それがそのままもどってこず、人の手に渡るというのは納得《なっとく》できるはずがない。

アンモナイト

しかし、友人は「別にいいですよ。」とこともなげにいうし、先生も「研究の役に立つならいいじゃないか。」とうながしてくる始末。

結果的にぼくだけが頑《かたく》なに、「いやです。」と首を横にふり続け、最後は学芸員の先生が折れるかたちで、化石はぼくの手元に返却《へんきゃく》されたのだった。

大人になったいまなら、自分が見つけた化石が研究素材《そざい》となるのは名誉《めいよ》なことと理解《りかい》できる。もし、それをきっかけにアンモナイトのさらなる生態解明《せいたいかいめい》につながるなら、ぼくとしてもよろこばしいことだ。

ところが、当時のぼくはそうは思えなかった。お気に入りの化石を奪《うば》われることが、大人の横暴《おうぼう》にしか思えなかったのだ。学芸員の先生からすればきっと、さぞ生意気な子どもに映《うつ》ったにちがいない。

やがて中学時代が終わりに近づいても、ぼくは相変わらず化石を掘《ほ》り続《つづ》けていた。

しかし、ほかの理科クラブのメンバーはそうではない。塾《じゅく》や部活など、さまざまな事《じ》情《じょう》で「今日は行けない。」という友達が増《ふ》え、そのままフェイドアウトするように一人、二人と減《へ》っていく。

3年生になるころには、ぼくは一人で化石を掘《ほ》るようになっていたが、受験や進学をひかえた大切な時期なのだから、これも当然だろう。

北陸で見つかった初めての恐竜化石

そんなぼくでも、高校に進学してからは、化石発掘《はっくつ》に出かける機会が減っていた。自分のなかで、「高校生にもなって、いつまでも化石ばかり掘っているわけにはいかないだろう」という思いがあったからだ。

学校でも、化石のことはいっさい話さないよう気をつけていた。なぜなら、ひまさえあれば一人で岩を割《わ》ってすごしているなどと知られたら、周囲からばかにされるだろうと思ったからだ。

高校生ともなれば、そろそろ将来《しょうらい》を見すえて、どんな職業《しょくぎょう》につきたいか、どこの大学でなにを学びたいか、といった人生のプランを考えはじめなければならない。中学生時代のように、なにも考えずにただ化石を掘《ほ》り続《つづ》けるばかりでは、だめな大人になってしまうかもしれないという危機感《ききかん》もあった。

ちなみにこの時点ではまだ、「将来は恐竜学者になりたい」とは考えていなかった。もちろん、化石を掘って生活できるなら最高だけど、それはけっして現実的《げんじつてき》とは思えなかったのだ。

それよりも、得意な化学のほうが将来役に立ちそうだ。バイオ関係でも薬品関係でも、無難《ぶなん》に会社員生活を送れるのではないかと想像《そうぞう》していた。化石はあくまで、趣味《しゅみ》として続けていければいいだろう。

そこで高校ではバドミントン部に入部した。化石から距離《きょり》をおいた生活を送るためだ。でも結局、これは1年ほどしか続かなかった。

バドミントン部をやめたあとは、退屈《たいくつ》しのぎに野外調査部《ちょうさぶ》というクラブに所属《しょぞく》した。こちらは文字どおりフィールドワーク中心のクラブで、学校周辺の地質《ちしつ》を調べたり、森林や生態系《せいたいけい》などの環境《かんきょう》を記録したりすることを主な目的としている。おかげでフィールドワークと称《しょう》して外へ出る機会が多く、そのうちにぼくはまた、一人でこっそり化石を掘《ほ》るようになっていった。結局、自分が無心になって打《う》ち込《こ》めるのは、これしかないのだ。

折しもこのころ、日本の恐竜研究は大きな転機を迎《むか》えつつあった。冒頭《ぼうとう》ですこしふれた、北陸で初の恐竜化石が発見されたのが、まさにこの時期なのだ。これがぼくの生活にも大きな影響《えいきょう》をおよぼすこととなる。

その日は、高校の行事として、クラス全体で野外に行くことになっていた。しかし、朝から雨が降《ふ》っていて、野外でのフィールドワークはできそうもなかった。そこで担任《たんにん》の先生が、当時特別展《とくべつてん》を開催《かいさい》していた福井《ふくい》県立博物館へ見学に行くと予定を変更《へんこう》した。

中学時代、化石発掘《はっくつ》ツアーに参加したり、アンモナイトの化石の譲渡《じょうと》を拒《こば》んだり、なにかと縁《えん》のある博物館だ。

どこかなつかしく思いながら博物館を訪《おとず》れると、ぼくはそこで見慣《みな》れた顔を見つけた。ガイド役を務《つと》めてくれたのは、まさにあの日の学芸員の先生だったのだ。

これには思わず大慌《おおあわ》て。大の大人にあれほど懸命《けんめい》に頼《たの》まれながら、ついに化石を渡《わた》さず、失礼な態度《たいど》を取り続けたぼくである。おそらく向こうはぼくのことを、さぞうらんでいるにちがいない。

どうか自分の顔なんておぼえていませんように……と、ほかの人の後ろにかくれながらこそこそと見学していたぼくだったが、そのうちあっさりと見つかってしまった。

「あれ、小林くんじゃないか。」

思わずビクッとしたが、学芸員の先生がかけてくれた言葉は予想外のものだった。

「ちょうどよかった。君、まだ化石を掘《ほ》っているんだろう？　今度のゴールデンウィークに石川県《いしかわけん》の白峰村《しらみねむら》で発掘《はっくつ》があるから、いっしょに来ないか。」

白峰村は石川県の南に位置する村で、恐竜の化石が大量に産出するスポット「桑島化《くわじまか》石壁《せきかべ》」があることで知られている。当時、福井県《ふくいけん》は横浜国立大学《よこはまこくりつだいがく》と共同で、この桑島化石壁の調査《ちょうさ》をおこなっていたのだ。

クラスメートたちは、なぜぼくが学芸員の先生と顔なじみなのか不思議そうにしていたが、話はトントン拍子《びょうし》に進み、ぼくはゴールデンウィークに石川県へ行くことになる。

中学時代に参加したファミリー向けの発掘ツアーとちがい、調査チームのメンバーは大学生ばかり。高校生はぼくだけで、大半がのちに日本の古脊椎《こせきつい》動物研究の中心をなすメンバーだった。現在《げんざい》、日本の恐竜研究者筆頭の真鍋真《まなべまこと》先生も、大学院生として参加していた。

なお、このときの調査では、恐竜の歯などがいくつか産出したていどで、とくに大きな発見は得られなかった。それよりも、「福井県《ふくいけん》にもおなじ地層《ちそう》があるから、そちらも調査《ちょうさ》してみるべきだ」というプランがもち上がったことのほうが重要だろう。

これはほどなく実現《じつげん》し、その年の夏に福井県内の地層の発掘《はっくつ》調査がおこなわれることになる。そして、ぼくは高校1年生にしてまたも発掘に参加することに。

もはや化石を掘《ほ》りだす作業はなれたものだったから、周囲の大学生や大人に負けず、どんどん石を割《わ》っていくぼく。

左端《ひだりはじ》が高校時代の筆者、その右側が大学院生時代の真鍋真《まなべまこと》先生。

そうこうしているうちに、ほかの調査員から大きな歓声《かんせい》があがるのがきこえてきた。それが、福井県《ふくいけん》で初となる恐竜の化石が見つかった瞬間《しゅんかん》だ。

発見されたのは、獣脚類《じゅうきゃくるい》に属《ぞく》する小型肉食恐竜の、歯の化石だった。

獣脚類とは恐竜の分類の一つで、２本足で歩行するタイプの恐竜のこと。たとえば有名なティラノサウルスは、大型の獣脚類の一種だ。

ともあれ、福井県に恐竜の化石が眠《ねむ》っている可能性《かのうせい》は古くから指摘《してき》されていたが、それがついに現実《げんじつ》のものとなった。

なお、このときに発見された獣脚類は、中生代白亜《はくあ》紀前期に棲息《せいそく》していたもので、のちに「フクイラプトル」という名前がつけられている。

岩から飛びだした恐竜の化石

この発見がチームにはずみをつけ、だれもが「もっとあるはずだ。」「どんどん掘《ほ》ろう。」と、発掘調査《はっくつちょうさ》はいっそう盛《も》り上《あ》がりを見せた。

もちろん、ぼくも黙々《もくもく》とそれに続く。しかし、ちょっとした植物や貝は出てきても、なかなか恐竜らしき骨《ほね》は見つからない。

本当にこのあたりに恐竜の化石など埋《う》まっているのだろうか。だんだん半信半疑《はんしんはんぎ》になってきたころ、福井《ふくい》県内で高校教師をしている竹山先生が、大きな石を手にしながらぼくに近づいてきて、優《やさ》しく笑いながらこういった。

「小林くん、これたたいてみてよ。」

なぜ自分でたたかないのかと内心でいぶかしく思いながらも、いわれるままに渡《わた》された石を割《わ》ってみる。

すると、なかからこれまで見たことのない、奇妙《きみょう》なかたちの物体があらわれた。

「なにか出てきました。でもこれ、なんだろう?」

見慣《みな》れたアンモナイトや植物類とはまったくかたちがちがう。なにかの化石であることはまちがいなさそうだが……。

首をかしげているぼくに、その竹山先生はいった。

「すごいじゃないか。これは恐竜の骨《ほね》だよ。」

「え――。」

その様子を見て、周囲からほかのメンバーが集まってくる。そして、ぼくが手にした化石を見て、ざわめきがおこる。どうやらこれは恐竜の化石でまちがいなさそうだ。

おそらく先生は、わざとぼくにこの化石の発見をゆずってくれたにちがいない。渡《わた》された石からは、すでにそれらしきかけらがのぞいていたから、割《わ》ればそこからなんらかの骨が出て来る可能性《かのうせい》は高かった。

きっと、調査《ちょうさ》チームのなかではぼくが断《だん》トツに若《わか》かったから、竹山先生が花をもたせてくれたのだろう。

ちなみにこのときに出てきた化石の正体は、まだ子どものフクイラプトルの、大腿骨《だいたいこつ》の一部分であることがのちに判明《はんめい》している。当時としては大発見の部類だ。

しかし、当のぼくがあまりピンとこなかったのも、やむを得ないだろう。なぜなら恐竜の骨《ほね》というのは、よほど全体像《ぜんたいぞう》が見えやすいかたちで見つからないかぎり、それが体のどの部分なのかわかりにくいのだ。

アンモナイトや植物のたぐいであれば、ひとめでそれとわかるが、骨の断片《だんぺん》ではそうもいかない。歯が一本まるまる出てこないかぎり、素人目《しろうとめ》にはなかなか普通《ふつう》の石と

フクイラプトル

見分けがつかないのが実情《じつじょう》だ。

ましてぼくは、そもそも化石が好きなのであって、恐竜自体に関心をもっていたわけではない。小学生のときも中学生のときも、周囲の友達が楽しそうに恐竜図鑑《ずかん》を見ていても、ほとんど興味《きょうみ》をもつことはなかったからなおさらだ。

それでもこれは、日本の恐竜史にのこる貴重《きちょう》な発見の一つだった。

思わぬ大学生活のはじまり

化石採集《さいしゅう》が趣味《しゅみ》だということは、高校時代はひた隠《かく》しにしてきた。その一方で、恐竜化石調査《ちょうさ》に参加していた大学生のあいだでは、小林といえば「恐竜少年」というイメージができあがっていた。発掘《はっくつ》調査に参加している高校生なんてぼくくらいのものだったから、それも当然だろう。

発掘調査チームは大人や大学生ばかりで、中学時代にアンモナイトの化石で市長賞を受賞しているぼくは、〝期待のルーキー〟のようにあつかわれていた。

とくに横浜国立大学《よこはまこくりつだいがく》のみなさんからは、「小林くん、卒業後はうちへ来るんでしょ？」などと冗談《じょうだん》めかしてよくいわれていた。

それがやがて現実《げんじつ》のものとなる。3年生になり、進学先を思案しはじめた矢先、ぼくは先生の強いすすめから、横浜国立大学の推薦《すいせん》入試を受けることになった。

本来、ぼくの成績《せいせき》で入れる大学とは思えなかったが、推薦入試であればすこしは可能《かのう》性《せい》があるかもしれない。

だめでもともとの気持ちで必要な書類を提出《ていしゅつ》したところ、結果はまさかの合格《ごうかく》。

これはあまりにも予想外のできごとで、びっくりしすぎて帰りに階段《かいだん》から足をふみはずし、捻挫《ねんざ》してしまったほどだ。

こうしてぼくは、福井《ふくい》の片田舎《かたいなか》から一転、横浜で大学生活を送ることとなった。

福井を離《はな》れて暮《く》らすのは初めてだから不安しかなかったけれど、そのうち大学で友達ができると、授業《じゅぎょう》もそこそこに横浜《よこはま》スタジアムに野球を見に行くなど、遊びほうけるようになっていた。

大学にはぼくのほかにも、古生物や地層《ちそう》を研究するためにやってきた学生が何人かいた。しかし、もともと恐竜の学名などを暗記することに興味《きょうみ》がないぼくとは方向性《ほうこうせい》が異《こと》なるのか、彼《かれ》らとあまり接点《せってん》をもつことはなかった。

ぼくは留年《りゅうねん》しないていどに気楽で自由な大学生活を謳歌《おうか》し、このまま横浜で平穏《へいおん》な4年間をすごすのだろうなと想像《そうぞう》していた。

ところが、ぼくはまたしても思いがけない誘《さそ》いにゆれることになる。

「——アメリカへ行ってみないか？　向こうは恐竜研究の本場だから、たくさん学ぶことがあるはずだよ。」

福井《ふくい》県立博物館の先生から、突然《とつぜん》そんな電話がかかってきたのだ。

突拍子《とっぴょうし》もないオファーに、ぼくは単なる冗談《じょうだん》だろうと思っていたため、「いいですねえ。」と軽く受け流すように答えた。すると、間髪《かんはつ》いれずに「そうか、行きたいか。じゃあ、国立科学博物館の冨田幸光《とみたゆきみつ》という人を一度訪《たず》ねなさい。」と、具体的な指示《しじ》がかえってきた。

こうなると、あとにひけなくなってしまい、ぼくは数日後、国立科学博物館へ向かった。

もちろん、本当にアメリカへ行くつもりなんてなかったから、適当《てきとう》に話をあわせて、お茶をにごして帰ればいいと思っていた。

しかし、国立科学博物館に到着《とうちゃく》すると、またまた思いがけない展開《てんかい》が待っていたのだ。

「おお、君か。留学《りゅうがく》したいといっているのは。」

「え、留学?」

思わず耳をうたがった。旅行でもホームステイでもなく、留学とはとんでもないことだ。

「アメリカに留学《りゅうがく》するなら、テキサスがいいぞ。ダラスにあるテキサス大学に、ぼくの先輩《せんぱい》にあたる研究者ルイス・ジェイコブスがいるから、そこに話をとおしておこう。」

ただでさえ寝耳《ねみみ》に水の話が、勝手にどんどん進んでいく。その口調はあまりにも熱心で、とてもじゃないが「やっぱりやめます。」とはいいだせそうもない。

そこでせめて、「最終的には家族と相談してみなければわかりません。」といってみたのだが「じゃあ、ご両親をまじえて一度ちゃんと話をしよう。」といわれてしまう始末。

本人の意思とは無関係に、状況《じょうきょう》はどんどん大事《おおごと》になっていく。ぼくはただただとまどうばかりだったが、考えてみれば我《わ》が家《や》はけっして裕福《ゆうふく》ではないから、留学費用なんて出せるわけがない。いっそのこと、金銭面《きんせんめん》を理由に両親から断《ことわ》ってもらうのがスムーズなのではないかとぼくは考えた。

そこで、いいだしっぺである先生方、そして両親とぼくが顔をそろえて話し合う場が設《もう》けられることになった。ところが、ぼくの目論見《もくろみ》は大きくはずれてしまう。

「お金の心配はいりませんよ。奨学金《しょうがくきん》の制度《せいど》がつかえますから。」

学芸員のそんなひとことで、両親からすれば留学《りゅうがく》に反対する材料がなくなってしまったようだった。

むしろ、勉強嫌《ぎら》いで化石ばかり掘《ほ》っていた息子《むすこ》の将来《しょうらい》を考えれば、英語の一つも話せるようになっておいたほうがプラスと考えたのだろう。

気がつけばぼくは、せっかく入学した横浜国立大学《よこはまこくりつだいがく》を、わずか1年足らずで休学することになっていた。

しかし、これがぼくにとって、本格的《ほんかくてき》に恐竜学者になる道へと向かうスタート地点だったのである。

第二章

アメリカですごした暗黒の日々

言葉の通じない世界で

流されるままにアメリカ留学《りゅうがく》を決めてしまったものの、もともと英語は大の苦手科目だ。

こうして恐竜学者をやっていると、昔から成績優秀《せいせきゆうしゅう》だったイメージをもたれがちだが、まったくそんなことはない。ぼくは単に化石を集めるのが好きだっただけで、生物学も進化論《しんかろん》もちゃんと理解《りかい》していなかったし、よくわからない生物のややこしい学名をおぼえることにも、まったく興味《きょうみ》をもっていなかった。

だから当然、一つずつ英単語をおぼえたり、文法をマスターしたりするのも苦手。そんなぼくがアメリカに1年滞在《たいざい》したからといって、ちゃんと英語を話せるようになるとはとても思えなかった。

それでも、もうあとにはひけない。

「とりあえずアメリカへ行って、1年くらい適当《てきとう》に遊んでいればいいか。そして帰るときに、『すいません、やっぱり無理でした。』とあやまろう。」

ぼくはそう割《わ》り切《き》ることにした。長めのバカンスと考えれば、むしろ楽しそうである。

ところが、現実《げんじつ》はそう甘《あま》くはなかった。

ぼくが滞在《たいざい》したのは、メキシコとの国境《こっきょう》に近いテキサス州オースティンという街で、日本人が少なく、日本語だけではとても暮《く》らすことができないのだ。最低限《さいていげん》の英語かスペイン語を話せなければ、人に道を聞くことも、買い物をすることも満足にできない場所だった。

ぼくが寝泊《ねと》まりしていたのは学生寮《がくせいりょう》だったから、周囲に同世代の人たちはたくさんいたけど、日本人はぼくのほかに女性《じょせい》がもう一人いるだけ。耳をすませば英語ばかりが飛《と》び交《か》っていて、完全な異空間《いくうかん》だった。

周囲とコミュニケーションをとることができないから、ホームシックにおちいるまでにほとんど時間はかからなかった。

とにかく帰りたい。さびしくてたまらない。英語なんておぼえなくていいから、いますぐに日本に帰りたい。

ぼくは心のなかで、つねにそんなことばかり考えていた。

インターネットのない時代のことだから、家族の声を聞くことも、泣きごとをこぼすこともなかなかできない。福井《ふくい》の実家に国際《こくさい》電話をかけようものなら、莫大《ばくだい》な通話料がかかってしまう。

言葉も文化もちがうこの環境《かんきょう》は、ぼくにとって監獄《かんごく》のようなものだった。

それでも、どうにか暮《く》らしているうちに、少ないながらも日本人と出会い、すこしずつ友達が増《ふ》えてきた。というよりも、英語が上達しないから、日本人と仲良くなるしかなかったのだ。

いっしょにいる仲間が増えると、生活の不便や不安はだいぶ軽減《けいげん》された。わからないことや困《こま》ったことを、すぐに相談できる相手がいることが、いかに大切かをあらためて思い知らされた。

この時期はとにかく、授業《じゅぎょう》が終わると自転車に乗ってあてもなく街をぶらぶらしたり、買い物をしたりし、日本へのホームシックを押《お》さえつけるように遊びまわっていた。

時には英語もわからないのに映画《えいが》を見ることもあり、なれてくるとこれはこれで気楽で楽しい日々だった。考えてみれば、中学高校と化石ばかり掘《ほ》っていたから、こうして仲間といろんなところへ遊びに行くのは、ぼくにとって新鮮《しんせん》だったのだ。

いつしか頭のなかからは、恐竜のこともアンモナイトのことも消え去っていたが、そんな現実《げんじつ》にぼくは、ふと我《われ》に返る。

自分はアメリカまで来て、いったいなにをしているのだろうか――と。

「本当の自分」とはなにか

そもそも自分の意思ではなく、流されるままに決まったアメリカ留学《りゅうがく》だったのだから、勉強に身が入らないのも当然だろう。

しかし、だからといってただ友達と遊び、食事をして、風呂《ふろ》に入って寝《ね》ることのくりかえしでは、なんのためにわざわざアメリカにいるのかわからない。

自分はなにをやりたいのか。

これからどうしたいのか。

将来《しょうらい》どうなりたいのか。

考える時間だけはたっぷりあったからだろう。気がつけば、そうした小さな不安や疑《ぎ》問《もん》が、頭から離《はな》れなくなってしまった。

そして、考えはじめるとどんどん気持ちがネガティブになり、不安で押《お》しつぶされそうになる。

友達と遊んでいるときでも、つねに心のどこかでは思《おも》い悩《なや》んでいた。考えれば考えるほど、自分がどうしようもない人間に思えてならない。

たとえていうなら、なんとなく横浜《よこはま》の大学へ進み、なんとなくアメリカにいる自分は、まるで玉ねぎのようなものだ。小林快次《よしつぐ》という人間は、自分の意見をもたず、まわりにいわれるがまま従《したが》っているだけでできあがった存在《そんざい》であり、まとっている皮を一枚《まい》ずつはいでいくと、最終的に芯《しん》もなにものこらない、空虚《くうきょ》な存在なのではないか、と。

それでも周囲からすれば、毎日気楽に遊びほうけているように見えただろうが、内心では焦《あせ》りがつのるばかりで、ぼくは苦しんでいた。

そうこうしているうちに1年がたち、ぼくはついに帰国を決めた。

やっと日本に帰れると思うとうれしかったけど、その一方で、もどってからどうするかという大きな問題もあった。

休学していた横浜国立大学にもどるのが自然な選択肢《せんたくし》だし、きっと両親もそうするものと思っているだろう。

しかし、ただ元の日常《にちじょう》にもどるとなれば、なおさらアメリカでの1年は何だったのかという疑問《ぎもん》がふくらんでくる。

アメリカでの生活をむだな時間にしないためには、どうすればいいか。そう考えたとき、自分でも思いがけない選択肢《せんたくし》が生まれた。

もう一度、アメリカの大学で真剣《しんけん》に勉強するべきなのではないか。このモヤモヤした気持ちを払拭《ふっしょく》するためには、アメリカでの時間を取りもどし、今度こそ明確《めいかく》な目的をもってがんばるしかないだろう。

では、具体的になにを目指すのか？　再《ふたた》びアメリカへ行って、いったいなにを学ぶのか？

肝心《かんじん》の目標が曖昧《あいまい》では、またおなじ生活をくりかえしてしまうだろう。それでもぼくは、再び渡米《とべい》する道を真剣に考えはじめた。

一つの転機になったのは、帰国してまもなく、大学の図書室でたまたま手にした恐竜図鑑《ずかん》だった。

図鑑に載《の》っている恐竜たちの姿《すがた》をながめていたら、夢中《むちゅう》になって化石を掘《ほ》っていたころの気持ちがよみがえってきた。

いくつもの石を割《わ》り続《つづ》け、なかから太古の生物が飛びだしたときの、なんともいえない高揚感《こうようかん》。何億年、何千万年という大昔にこの地球上を闊歩《かっぽ》していた、いまでは想像《そうぞう》もつかない巨大《きょだい》な生物たちと、化石をとおしてふれあったあのひととき。

なつかしさと同時に、胸《むね》の中心がうずくのを感じた。

それは子どものころ、初めてアンモナイトの化石を手にしたときの衝撃《しょうげき》によく似《に》ていた。

——なんだ。自分にもちゃんと、やりたいことがあるじゃないか。

恐竜についてもっと知りたい。化石をとおして、古生物の世界を学びたい。

それはぼくにとって初めて、周囲のだれにいわれたわけでもない、自分自身で得た〝気づき〟だった。

目標がさだまれば、向かう方向が決まる

もう一度アメリカへ行き、真剣《しんけん》に恐竜について学ぼう。ひとまず、目標はそうさだまった。

しかし、入ったばかりの大学を休学して、アメリカへ行ってしまったぼくである。今度は退学《たいがく》して、またアメリカへ行きたいなどといったら、両親は猛反対《もうはんたい》するにちがいない。

それに、現地《げんち》の大学へ入るなら、今度こそしっかりと英語力を身につけなければならない。どちらもぼくにとっては高いハードルだ。

それでも、不思議と迷《まよ》いはなかった。なぜなら、目標がはっきりさだまっているた

め、向かう方向が決まっているからだ。

行き先すら見えていなかったこれまでと比《くら》べれば、これはいくらか楽な状況《じょうきょう》にも思えた。向かう先が決まっている以上、その途中《とちゅう》に壁《かべ》があるなら、それをどう乗《の》り越《こ》えるかを考えるのみ。

まず説得すべきは両親だ。「もう一度アメリカへ行かせてほしい。」と、自分の考えを伝えて頼《たの》みこむと、両親はやはりそろっておどろいた顔を見せた。

しかし、それまでの流されるままだった我《わ》が子《こ》が、初めて強い意志《いし》をもったことを、両親は態度《たいど》から感じ取ってくれたのだろう。最終的にはぼくの熱意に押《お》されるかたちで、再渡米《さいとべい》を了承《りょうしょう》してくれた。そして父親はいった。

「反省はしても後悔《こうかい》はするなよ。」

こうして、ぼくは帰国からわずか3か月で、再《ふたた》び渡米することとなる。

急展開《きゅうてんかい》だったが、本当に大変なのはアメリカに渡《わた》ってからだ。向こうで英語の試験をパスしなければ、アメリカの大学には入れない。

学力も英語力もとぼしいぼくにとって、ここが目標までの最大の正念場だった。

英語をマスターするための3つの方法

化石を研究するのに適《てき》した大学はどこか。さまざまな資料《しりょう》をひもといた結果、ぼくは地質学《ちしつがく》地球物理学科のあるワイオミング大学に狙《ねら》いをさだめることにした。ワイオミング州には、恐竜の化石が産出するポイントがたくさんあるのだ。

1年間のアメリカ滞在経験《たいざいけいけん》は、もはやほとんど意味をなさない。こんなことなら、もっと真面目《まじめ》に英語を学んでおくべきだったと後悔《こうかい》したが、もちろんあとの祭りである。

とにかく勉強あるのみの日々。ぼくはやみくもにテキストをこなすのではなく、現地《げんち》の友人知人に知恵《ちえ》を借りながら、すこしでも早く、効率的《こうりつてき》に英語力をアップさせる方法を模索《もさく》し続けた。

たぶん、人生でこれほど必死に一つのことに向かったことは、後にも先にもないだろう。

英語を話せるようになるために必要なのは、「単語」と「読み」と「会話」の3つをマスターすることだ。

ぼくはまず、1日10個《こ》の英単語をおぼえることを徹底《てってい》した。今日10個おぼえたら、次の日にその10個をおさらいしつつ、新たにもう10個暗記する。次の日はさらに10個暗記し、それまでおぼえたすべての単語を暗記したか確認《かくにん》する。これをくりかえすことで、単語力は着実に向上するはずだ。

もちろん、毎日新しい単語が10個ずつ増《ふ》えていくわけだから、日がたつほど大変になる。

しかし、最初におぼえた単語は、それだけ何度もくりかえしおさらいをすることになるから、やがて完璧《かんぺき》に頭にたたき込《こ》まれていく。

英語というのは一般的《いっぱんてき》に、およそ３０００の単語をおぼえれば、日常《にちじょう》会話には困《こま》らないとされているから、目指すのはそこだ。

次に「読む」。これは小説を1冊《さつ》もちだして、辞書をつかわないで一日に1章ずつ読むことを徹底《てってい》した。

当然、最初はそれがどういう物語なのか、まったく理解《りかい》できなかったけど、わからない単語の意味を想像《そうぞう》しながら、とにかく毎日読み続ける。辞書をつかわないことで、前後の話の流れからそのわからない単語の意味を想像し理解していく。

並行《へいこう》して1日10個《こ》の単語の勉強もやっているから、そのうちに単語力が追いついてくると、部分的に文章の意味がわかりはじめる。すると、最初はちんぷんかんぷんだった物語の全体像《ぜんたいぞう》が、おぼろげながら見えてくる。まるですこしずつ霧《きり》が晴れるような感覚で、これはちょっとおもしろい体験だった。

3つ目の「会話」については、テレビをつけて、ニュースキャスターやドラマの出演者《しゅつえんしゃ》のいうことを同時に復唱《ふくしょう》し続けた。

なにを話しているのか意味がわからなくても、とにかくオウムのように同時にくりかえす。テレビの人のしゃべっている口の動きを見て、真似《まね》ながら発音する。英語を〝音〟としてとらえる練習だ。

こうして言葉を復唱しながらおぼえる手法は、じつは赤ちゃんが言葉をおぼえる過程《かてい》とおなじだ。音として言葉を理解《りかい》することで、聞く力と話す力の両方が同時に鍛《きた》えられる効果《こうか》がある。

知っている単語の数が増《ふ》えるにつれ、やはり内容《ないよう》への理解が深まっていく。自分の成長が実感しやすいため、どんどん勉強する意欲《いよく》が高まってくる。ぼくのような勉強嫌《ぎら》いな人間が、この猛勉強《もうべんきょう》をどうにか続けることができたのは、そこに理由があるのだろう。

はたしてぼくは、ワイオミング大学の試験を無事にパスし、晴れて地質学《ちしつがく》地球物理学科への進学を決めることができたのだった。

人は段階的《だんかいてき》に成長する

こうした英語トレーニングをとおして、気づいたことがある。それは、人の成長というのは必ずしも右肩上《みぎかたあ》がりのカーブを描《えが》くわけではなく、段階的に伸《の》びていくということだ。これはきっと、語学だけにかぎらないだろう。

運動でも勉強でも、新たなことを学びはじめると人は、すぐに新しい力を身につけていく。しかし、やがてどこかでいったん停滞《ていたい》する時期を迎《むか》えるはずだ。

これを伸《の》び悩《なや》みというが、そこであきらめてはいけない。努力を続けていると、そのうちにまた大きく伸びる時期が絶対《ぜったい》にやってくる。

人の能力《のうりょく》の向上は、成長期と伸び悩みの時期のくりかえしだ。じっさいにぼくの英語力も、そうした波をくりかえしながら、気がつけばアメリカの人たちとの日常《にちじょう》会話に困《こま》らないレベルに達した。

これを体験的に知っていると、伸《の》びない時期に落《お》ち込《こ》むことがなくなるし、努力することがさほど苦ではなくなるから不思議だ。

英語のトレーニングは、大学入学後も続く。

入試はどうにかパスしたものの、まだまだすこし込《こ》み入《い》った会話には不自由することも多いし、まして恐竜をふくめた「古生物」という専門《せんもん》分野を学ぶには、さらなる勉強が必要だ。

それに、入学できたことに安心してはいられない。学費の面で親に迷惑《めいわく》をかけないと約束した以上、奨学金《しょうがくきん》をもらうためには、学年でトップクラスの成績《せいせき》をとらなければならないのだ。

そのためにも、まだまだ英語力を上げていかなければならない。

そこでぼくは、「スポンジになろう。」とつねに自分にいい聞かせていた。それも、カラカラに乾《かわ》ききった、なんでも吸収《きゅうしゅう》するスポンジだ。

わからないことがあれば、目の前の相手がだれであっても「それはどういう意味ですか？」と聞く。わからないことをそのまま放置せず、その場で学ぶことを心がけることで、毎日すこしずつ成長していく。「知りません。」と堂々といえることがいかに重要かと、知らないことは恥《は》ずかしくないと実感したときだった。

仮《かり》に相手が5歳《さい》の子どもだったとしても、ばかにしてはならない。英語レベルでいえば、ぼくより5年も先輩《せんぱい》なのだから、学ばせてもらうことは山のようにあるはずだ。

また、大学では必ずいちばん前の席にすわり、先生の言葉を録音した。そして講義《こうぎ》が終わったあと、それを一言一句《いちごんいっく》もらさず書き起こしてすべてを丸暗記する。

奨学金《しょうがくきん》をもらえるレベルに達するためには、先生のいうことをすべて暗記するのが手っ取り早いと考えたのだ。

結果的に、この考えはまちがっていなかった。ぼくは最初の1学期をオールAの成績《せいせき》で終えることができ、晴れて奨学金《しょうがくきん》を勝ち取ったのだった。

本気で学ぶアメリカの大学生たち

アメリカでの大学生活は、ぼくにとってとても充実《じゅうじつ》した時間となった。

ぼくがオールAを取り続けていることを知ると、まわりの学生たちが「勉強を教えてくれ。」と集まってくるようにもなっていた。

周囲に人が増《ふ》えれば、コミュニケーションの量が増える。これがぼくの英語力をさらに上達させてくれた。

講義《こうぎ》に対してこれほど真剣《しんけん》になれたのは、アメリカの大学ならではの雰囲気《ふんいき》も大きかっただろう。ぼくは日本とアメリカの両方で大学生活を体験しているから、そのちがいがはっきりとわかる。

アメリカの大学生は、あくまで「学ぶこと」を目的に大学に進学している。大学生なのだから本来あたりまえのことだが、社会人になるまえに遊んでおかなければと考える学生も多い日本の大学とは、とても対照的に思えた。

たとえば、先生の都合で講義《こうぎ》が休みになると、日本の大学生はよろこぶ人が多かった。ところがアメリカでは、下手をすれば訴訟《そしょう》沙汰《ざた》になりかねない。

「授業料《じゅぎょうりょう》をはらっているのに勉強させてもらえないのはおかしい。」

そう怒《おこ》っている学生の姿《すがた》を、アメリカではよく見かける。

周囲が真剣《しんけん》だからこそ、ぼくもまた真剣に勉強と向きあえたのはまちがいないだろう。

一方で、将来《しょうらい》のために役立つ知識《ちしき》も身につけておきたいと、大学内の遺伝子《いでんし》研究室の先生に「ボランティアでもいいので参加させてください。」と頼《たの》みこんで、実験に参加させてもらったりもした。

この研究室では、化石とは無縁《むえん》の研究をしていたが、研究室の先生にお願いし、恐竜の化石からDNA《ディーエヌエー》を採取《さいしゅ》する方法などを教えてもらった。まさに映画《えいが》『ジュラシック・パーク』の世界のようでワクワクした。もちろん簡単《かんたん》に実現《じつげん》できることではないだろうが、研究の一端《いったん》として化石にふれられるのがうれしくて、ぼくは時間を見つけてはこの研究室に通いつめた。

こうして1年、2年と大学生活を送っていくと、大学卒業後の進路について考えなければならない時期がやってくる。

日本にもどって就職《しゅうしょく》するのも一つの選択肢《せんたくし》だが、このままアメリカにのこって、大学院で恐竜の研究を続けたい。いよいよ、恐竜を趣味《しゅみ》や興味《きょうみ》の対象から、研究の対象として仕事にするのだ。

ぼくはテキサス州へもどることに決めた。国立科学博物館の冨田《とみた》先生の先輩《せんぱい》が教鞭《きょうべん》をとっているサザンメソジスト大学の大学院への進学を決め、ここで本格的《ほんかくてき》な恐竜研究をスタートすることにした。

――ところが。大学院もまた、甘《あま》いものではなかった。

ぼくはここでまたしても、人生は甘くないということを思い知らされるのだった。

落ちこぼれの研究生

「勉強」と「研究」はまったく別物だ。

大学時代は、どこかゲーム感覚で勉強を楽しんでいたところがあった。それは頭のなかにつめこんだ知識《ちしき》を、テストの出題にいかに当てはめていくかというゲームだ。コツさえつかめば、得点はおもしろいように上がっていくことを、ぼくは体験的に実感していた。じっさい、ワイオミング大学では、成績《せいせき》のほとんどがAで、飛び級、さらに首席（優秀賞《ゆうしゅうしょう》）で卒業した。まさに、「勉強」はお手の物だった。

ところが、大学院でおこなうのは、「勉強」ではなく「研究」だ。研究では、集めた

大学院時代の筆者。

情報《じょうほう》をいかにつかうかという、勉強とは異《こと》なるノウハウがもとめられる。

また、日本の大学院は、試験にさえ受かればだれでも入ることができるが、アメリカはそうではない。アメリカの大学院は、研究室の先生が助成金などでお金を用意し、研究員である学生を〝養う〟かたちに近いからだ。

だから、よほど経済的《けいざいてき》にめぐまれた研究室でなければ、大勢《おおぜい》の学生を受け入れることはできない。

ぼくが所属《しょぞく》した研究室の競争率《きょうそうりつ》は、じつに50倍だった。つまり50人に一人しか合格《ごうかく》しないため、よほど高い能力《のうりょく》をそなえた学生でなければ、まずえらばれないのが実情《じつじょう》だ。

それでも大学時代の好成績《こうせいせき》のおかげか、どうにか志望《しぼう》する研究室にすべりこむことができたぼく。しかし、大変なのはその後だ。

なにしろ周囲はこの狭《せま》き門《もん》を突破《とっぱ》した強者《つわもの》ばかり。同級生を見渡《みわた》せば、ほかの有名大学から鳴り物入りでやってきた人材が集まっている。だれもが皆《みな》、「研究」に長《た》けたエキスパートばかりだった。

それに比《くら》べてぼくは、勉強のやりかたは知っていても、知識《ちしき》や情報《じょうほう》のつかいかたがわからない研究のド素人《しろうと》。これが大きな壁《かべ》となり、ぼくの行く手にたちふさがることになる。

たとえば、研究の内容《ないよう》を書類にまとめてルイス・ジェイコブス教授《きょうじゅ》のところへもっていっても、「これではだめだ。」と門前払《もんぜんばら》いされるばかり。

なにがだめなのかと聞いても、「自分でよく考えろ。」と具体的な指示《しじ》をもらうことはできず、どう修正《しゅうせい》すればいいのかわからない。そこで情報を足したり、表現《ひょうげん》を変えたりして再提出《さいていしゅつ》するのだが、やっぱり「話にならない。」と突《つ》き返《かえ》されてしまう。

そんなやり取りを10回、20回とくりかえしていくうちに、ぼくはすっかり劣等生《れっとうせい》になってしまった。大学時代は特待生としてあつかわれていたことを思えば、これは大きな挫折《ざせつ》であり転落である。

研究発表の場では、途中《とちゅう》でジェイコブス教授《きょうじゅ》から「——もういい。時間のむだだからやめなさい。」とストップをかけられてしまうこともたびたびだった。

大学時代がうそのように、なにをやっても通用しない。精一杯《せいいっぱい》やっているはずなのに、まったく認《みと》めてもらえない。

いったい自分のなにがまちがっているのか、見当がつかず途方《とほう》に暮《く》れるばかりの毎日だった。

暗黒の日々を救ってくれた同級生の言葉

この苦しい時期はしばらく続く。

研究内容《ないよう》をまとめる際《さい》、どれだけ手法をアレンジしてトライしてみても、ジェイコブス教授はしずかに首を横にふるばかり。

日本の大学や大学院であれば、だめならだめで、どう修正《しゅうせい》すればいいのかを先生が指導《しどう》してくれるはずだ。しかし、アメリカにはそんな親切な土壌《どじょう》は存在《そんざい》しない。かといって、これは教授《きょうじゅ》が意地悪をしているわけではない。ただ合理的に、それぞれがもっている能力《のうりょく》をもち寄《よ》り、優《すぐ》れた研究者だけが引き上げられる世界なのだ。

それにじっさい、いまふりかえってみれば、当時のぼくの論文《ろんぶん》は個人的《こじんてき》な主観や推測《すいそく》が多く、精度《せいど》が低かったことがよくわかる。しかし、ぼくはそれをはっきりと自覚することができなかったのだ。

大学を首席で卒業したプライドは、もはや木《こ》っ端微塵《ぱみじん》に打ちくだかれていた。自分は研究職《けんきゅうしょく》に向いていない。知識《ちしき》を暗記してテストで答えることはできても、みずから新たな発想や着眼点《ちゃくがんてん》をもってなにかを生みだす才能《さいのう》はないことを、心の底から思い知らされていた。

どれだけがんばっても出口の見えない、暗黒の日々。やがて、自分の心が折れていくのを感じた。

「もう大学院をやめて日本へ帰ろう——。」

そう、何度も思った。それでも、投げだすことはいつでもできるから、「あと1か月だけ。」「あと1週間だけ。」と、だましだましどうにかその日をやりすごしている状態《じょうたい》だった。本当に目の前が真っ暗な日々の連続だった。

そんな日々のなかで、ぼくにとって大きな救いとなったのが、おなじ大学院生だったアメリカ人、ジェイソン・ヘッドの存在《そんざい》だった。

ジェイソンはのちに、史上最大の蛇《へび》「ティタノボア」を発見したことで名をはせる古生物学者で、おなじ時期に研究室の仲間だった。現在彼《げんざいかれ》は、イギリスのケンブリッジ大学で教鞭《きょうべん》をとっている。彼はぼくとは対照的に、研究もプロジェクトもなんでもそつなくこなす、凄腕《すごうで》の大学院生だった。

ある日、深夜まで研究室にのこって作業していると、部屋に二人だけのこったジェイソンが、苦しそうなぼくを見かねて、こんな言葉をかけてくれた。

「おまえに足りていないのは自信だよ。」

自信、つまり「Confidence《コンフィデンス》」は、アメリカ人がよくつかう単語である。だからこのときは単なる精神論《せいしんろん》としか思えず、この言葉をあまり深く受け止めることはなかった。

たしかにこの時期、自信を完全にうしなっていたのは事実だ。しかし、いまぶつかっている壁《かべ》は、精神論で乗《の》り越《こ》えられるものではないと思っていた。

ティタノボア

それでも、心のかたすみにずっと、ジェイソンのこの言葉がひっかかり続けていた。

そして、相変わらず教授《きょうじゅ》からはだめ出しされるばかりのなかで、ふと気づかされたのだ。


人は自信をうしなうと、どうなるか？

研究発表の場でいえば、内容《ないよう》に自信のない人ほど、それをごまかそうと口数が増《ふ》える傾向《けいこう》がある。伝えるべき情報《じょうほう》や意見に自信がないから、あれやこれやと修飾語《しゅうしょくご》をつけくわえ、どうにか派手《はで》に見せようとしてしまうわけだ。

ジェイソンの言葉から、ぼくは自分自身の研究発表がまさにその状態《じょうたい》におちいっていることを気づかされた。さまざまな情報を盛《も》り込《こ》みすぎているから、内容が散漫《さんまん》になってしまっているのだ。

むだに口数が増えれば、伝わりにくくなるのはあたりまえ。

たとえば、10の情報を的確《てきかく》に伝えるためには本来、その10の部分だけを簡潔《かんけつ》に伝えればいいはずなのだ。

ところが、本題とはあまり関係のないデータを20も30もくわえて話そうとするから、全体がぼやけてしまう。

もちろん、自信というのは一朝一夕《いっちょういっせき》で身につくものではない。それでも、自分が知らず知らずのうちに犯《おか》しているミスに気づくことができたのは大きい。そのヒントをあたえてくれたのが、ジェイソンの言葉だった。

限界《げんかい》の向こう側にある成長

もちろん、それに気づいたからといって、ぼくの研究発表がすぐに大きく改善《かいぜん》されるわけではない。それでも、ジェイソンの言葉は、自分が本当に伝えたいことはなにかを見つめなおすきっかけになった。

ぼくは自分の研究内容《ないよう》をできるだけ整理し、簡潔《かんけつ》に伝える努力を心がけた。

相変わらず、教授《きょうじゅ》からの評価《ひょうか》は芳《かん》しいものではなかったけれど、発表の途中《とちゅう》でストップがかかることはなくなった。それまでとはちがう手法をためしてみることで、少なくとも一歩前進している実感があった。どんなにささいなことであっても、努力や工《く》夫《ふう》を重ねなければ道はひらけないのだ。

そして、その日は唐突《とうとつ》に訪《おとず》れた。

ぼくがアリゾナ州から産出した化石を題材に、両生類の進化について資料《しりょう》をまとめて発表していたときのことだ。

となりでそれを聞いている教授の様子が、あきらかにいつもと異《こと》なることにぼくは気がついた。

ぼくの口から発せられる内容《ないよう》の一つひとつに、教授がコクコクとうなずいている。やがてそれは大きなうなずきに変わり、発表を終えるころにはついに、手をたたいて「Great!」とほめてくれたのだ。

ぼくとしてはいつもどおりにやったつもりだったから困惑《こんわく》したが、まわりの学生も皆《みな》、「今日の発表はすごくよかったよ。」と拍手《はくしゅ》してくれた。

これもきっと、段階的《だんかいてき》な成長の一つなのだろう。自分はついに、大きな殻《から》を一つやぶったのだ。

これまで自分なりに苦しみ、考え続けたことが糧《かて》となり、ついにこの日、結果にむすびついた。

このときに気づかされたのは、人は限《げん》界《かい》まで考え続けて、初めて新しいなにか

後列の左から２番目がジェイコブス教授《きょうじゅ》。

を生みだせる生き物だということだ。最後の一滴《いってき》まで絞《しぼ》り続《つづ》けて、ようやく最後に出てくるものにこそ価値《かち》がある。

思えばそれまでのぼくは、目の前に高い壁《かべ》があらわれたら、迷《まよ》わず回り道をする人間だった。しかし、どうすればその壁を乗《の》り越《こ》えられるか、のぼるべきか横からまわりこむべきか、徹底的《てっていてき》に思考をめぐらせて壁にくらいついた経験《けいけん》は、これが初めてだった。

研究室のジェイコブス教授《きょうじゅ》はよく、こんな言葉を口にしていた。

「もうアイデアが出ない、というのはうそだ。ずっと考え続けていれば、だれでも必ず優《すぐ》れたアイデアに到達《とうたつ》する。」

このとき、ぼくはその言葉の意味がすこしわかったような気がした。

限界《げんかい》の向こう側にあるアイデアというのは、それまでの自分が到達できなかったものであるはず。

だから、「もうできない」「自分には無理だろう」と思ったときこそ、それは成長のチャンスだ。もし、考《かんが》え抜《ぬ》いた末にその問題を突破《とっぱ》する方法を見つけだすことができたら、いままでの自分にはできなかったことができるようになる。

こうしてぼくは、長い暗黒時代をぬけ、恐竜学者としての一歩を踏《ふ》みだすことになる。

次の章では恐竜学者としての日常《にちじょう》や、化石発掘《はっくつ》の方法についてのべていこう。

第三章

恐竜の化石を見つける方法

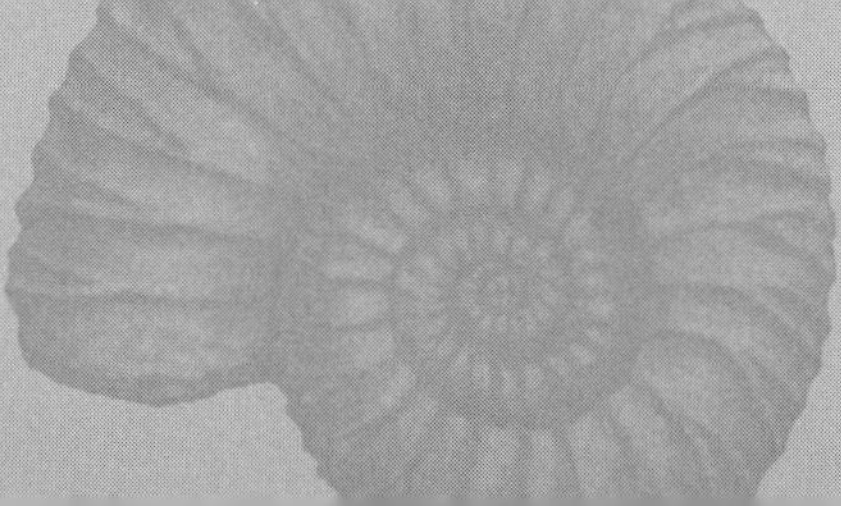

恐竜時代のストーリーを思《おも》い描《えが》く

ワイオミング大学があるワイオミング州やサザンメソジスト大学があるテキサス州には、古生物の化石が出る地層《ちそう》がたくさんあった。

そのためぼくは大学生時代から、研究の合間にすこしでも時間があくと、地質図《ちしつず》をチェックして有望なポイントを探《さが》し、化石を掘《ほ》りに出かけるようになっていた。これは大学院を卒業してからも恐竜学者として研究を続けていくうえで、とてもめぐまれた環境《かんきょう》だったと思う。

しかし、中学生時代に福井《ふくい》でせっせと化石を掘っていたころとは、なにもかもがちがう。

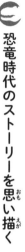

なにしろアメリカでは、恐竜の化石がごろごろ出る。場所によっては、わざわざ地面を掘りかえさなくても、そこらじゅうに化石が転がっているくらいだ。

ワイオミング州にいたときなどは、植物の破片《はへん》かなにかだと思ってつまみあげた化石が、角竜《つのりゅう》の角だったということもあった。これが日本なら大発見だが、アメリカではたいした発見にはならない。こうしたギャップもぼくにとっては新鮮《しんせん》だった。

膨大《ぼうだい》な数の化石が見つかるなかで、重要な発見につながるものはほんの一部にすぎない。だから、視界《しかい》に入るすべての化石を掘《ほ》っていたらきりがない。本格的《ほんかくてき》な調査《ちょうさ》に進むためには、重要度の高い化石を見極《みきわ》める必要がある。発掘《はっくつ》にも調査にも、それにかけられる時間と予算が決まっているからだ。

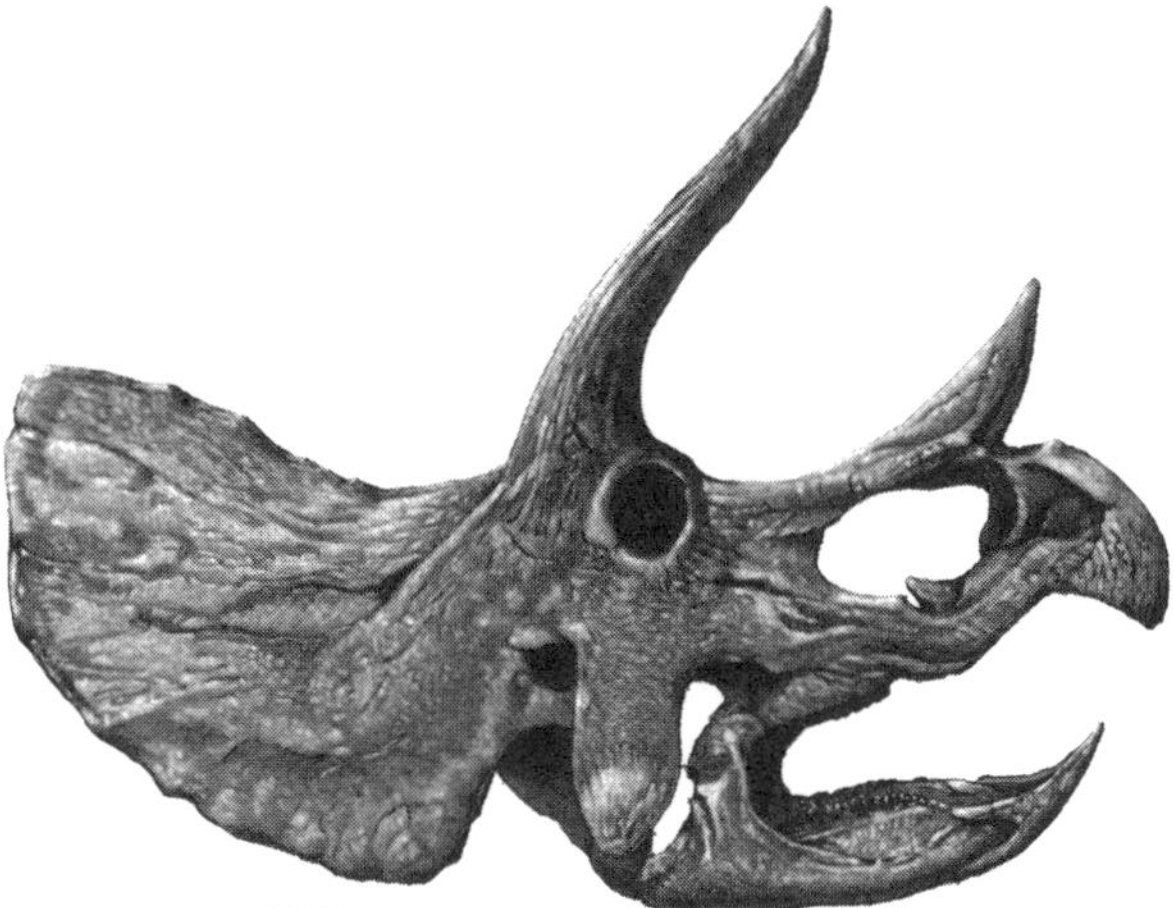

角竜の頭骨《とうこつ》

では、ぼくたち研究者にとって、重要度の高い化石とはどのようなものか？

それは、思《おも》い描《えが》いた仮説《かせつ》を裏《うら》づける、証拠《しょうこ》となる化石だ。

かつてその場所にどのような種類の恐竜が存在《そんざい》し、彼《かれ》らがどのような生活を送っていたのか。いまとはまったく環境《かんきょう》のちがう太古の世界にさかのぼり、少ない物証《ぶっしょう》をヒントに壮大《そうだい》なストーリーをイメージしてみる。これが仮説だ。

化石は歴史がのこした〝事実〟の断片《だんぺん》である。つまり、自分がたてた仮説を裏づける化石が見つかれば、ストーリーはどんどん鮮明《せんめい》に、具体的になっていく。

ぼくの場合、正体のよくわからない化石を見つけたら、まずはそれを目の前にならべ、どういう生物のどの部分のパーツだったのかを、できるだけリアルに想像《そうぞう》してみることが多い。そして、思《おも》い浮《う》かべた恐竜は、いったいどのような生態《せいたい》をもっていたのかを検討《けんとう》するのだ。

「発掘《はっくつ》」と「研究」のちがいがここにある。仮説を裏《うら》づける物証を見つける作業が「発《はっ》掘《くつ》」なら、そこから仮説《かせつ》をたてて証明《しょうめい》していく作業が「研究」だ。これらはそれぞれに異《こと》なるおもしろさがあるとぼくは思っている。

恐竜はまだまだ物証《ぶっしょう》にとぼしい生き物だ。どのくらいの種類が存在《そんざい》し、どのような生態《せいたい》をもっていたのか、全体像《ぜんたいぞう》を知る材料はまったく足りていない。

だからこそぼくたち恐竜学者は日々、一つでも多くの発見をもとめ、すこしでも多くのストーリーを思《おも》い描《えが》くのだ。

化石が眠《ねむ》る地層《ちそう》の見つけかた

第一章でものべたように、中学時代のぼくは、とにかくアンモナイトの化石を探《さが》すことに夢中《むちゅう》だった。

いまにして思えば、よく飽《あ》きもせず続いたものだと、われながら感心してしまう。その原動力となっていたのは、「次はもっと大きなものを」「次はもっときれいなものを」

という、次の発見への意欲《いよく》だった。この時期は巨大《きょだい》なアンモナイトを見つける夢《ゆめ》を見ることもあったから、よっぽどだろう。

しかし、化石を掘《ほ》った経験《けいけん》のある人というのは、世の中でもまれであるにちがいない。

ぼくの場合は、たまたま恐竜が棲《す》んでいた時代の地層《ちそう》がある福井県《ふくいけん》で育ったことが、人生を大きく左右した。中学生時代にアンモナイトの化石を見つけていなければ、これほど化石や恐竜に興味《きょうみ》をもつことはなかったはずだ。

逆《ぎゃく》にいえば、そこに地層さえ存在《そんざい》すれば、化石はだれにでも見つけられるものだ。もしみなさんが、自分でも化石を掘ってみたいと思うなら、まずはその地層を探《さが》すことからはじめるべきだ。

恐竜が繁栄《はんえい》していたのは、中生代（約2億5190万年前～6600万年前）とよばれる時代。つまり、その中生代の堆積岩《たいせきがん》の地層が表出している場所を見つければ、化石が出てくる可能性《かのうせい》はとても高い。

もちろん、日本のどこにでもそうした地層《ちそう》があるわけではない。第一章でものべたとおり、ぼくは福井県《ふくいけん》の博物館の調査《ちょうさ》に参加したのをきっかけに、たまたま中生代の地層を知ることができた。

では、そういう機会がない場合はどうすればいいか。

一つの手段《しゅだん》としては、地元の博物館に問い合わせてみるのが手っ取り早いだろう。博物館には、その地域《ちいき》の地質《ちしつ》に関する資料《しりょう》がまとめられ、専門家《せんもんか》がいることが多い。

あるいは、その地域に古くから住んでいる地元のおじいさんやおばあさんに聞いてみるのもいい。古い地層はたいてい地元では有名だから、「子どものころ、裏《うら》の山でよく化石を拾ったよ。」などと、思いがけず有力な情報《じょうほう》が得られることもあるかもしれない。

そうして地層を見つけることさえできれば、わざわざ掘《ほ》らなくても、植物や貝の化石などが地表に露出《ろしゅつ》しているケースだってめずらしくない。

葉っぱの化石などは、見ただけではそれが化石とはわかりにくいかもしれない。これはできるだけ多くの化石にふれ、経験《けいけん》を積んで目をならすしかないだろう。

もし一つでも化石を見つけることができたら、そこにはさらに多くの古生物がいた可《か》能性《のうせい》が高い。周辺を重点的に探《さが》してみよう。場所によっては、かつてそこに川が流れていたため、さまざまな生物が流れついて堆積《たいせき》しているポイントもある。もしそんな場所にあたれば、次々に古生物の化石が見つかるはずだ。

ぜひみなさんにも、発掘《はっくつ》をとおして古代とつながる楽しさを味わってもらいたい。

化石を「採集《さいしゅう》」する手順

大人になったいま、こうして恐竜学者を仕事にしているぼくだが、じつはやっていることは少年時代とあまり変わっていない。

もちろん、調査《ちょうさ》の手法ははるかに高度になっているし、発掘《はっくつ》の規模《きぼ》だって大きくなっている。しかし、中生代の地層《ちそう》を見つけて、そのなかからとくに有力なポイントを、手作業で掘《ほ》り続《つづ》けるのは、いまも昔も変わらないのだ。

化石の発掘は、とても地道な作業だ。いつ化石が出てくるのかはだれにもわからないから、マラソンのように決められたゴールは存在《そんざい》していない。本当に出てくるのかどうかわからないまま、黙々《もくもく》と掘り続けるしかない。

でも、ぼくはそんな地道な時間を心から楽しんでいる。いつ化石が出てくるか。そう考えると、ワクワクしてたまらないのだ。

では、発見した化石はどのように掘っていくのか。ここで、その手順を具体的に解説《かいせつ》しておきたい。

化石の調査はおおまかに、「採集《さいしゅう》」と「発掘」に分けることができると思う。

たとえば貝類や植物など、小さな化石ははじめから表出しているケースがめずらしくない。あるいは、ツノや歯など恐竜の部分的な骨《ほね》も同様だ。これらは掘《ほ》るのではなく、地表に〝落ちている〟ものをそのままバッグにいれて「採集《さいしゅう》」し、もち帰ってからクリーニングする。

〝落ちている〟というていどはさまざまだが、転石として文字どおり地面に落ちているものから、崖《がけ》の表面に露出《ろしゅつ》している化石を採《と》るというのもこちらにふくまれるだろうか。

転石を採集するときは、ひろうだけで簡単《かんたん》だが、ここで必ず行うのはその転石がどこから来たのかを探《さが》すことだ。たとえば、歯の化石を転石として見つける。それで満足する人も多いだろうが、ぼくたち研究者はそれだけでは満足しない。その続きを探すべく、転石がどこから来たのかをたどっていく。運のいいときにはその続きを発見することができる。

また、崖の表面に露出しているときは、その処理《しょり》に気をつけなければいけない。どのていどのものを掘《ほ》っているのかを理解《りかい》しながらでないと、化石を壊《こわ》すことになってしまうからだ。化石は一見頑丈《がんじょう》に見えるが非常《ひじょう》にもろく、壊れるときにはガラスが割《わ》れるようにバラバラになってしまうことがある。しっかりと上にかぶっている地層《ちそう》を掘《ほ》り込《こ》み、狙《ねら》っている化石がはずれやすくなるまで我慢《がまん》して、慎重《しんちょう》に取りだす。

なお、こうした化石はただもち帰ってコレクションにくわえるのではなく、それを採《さい》掘《くつ》した場所や日時について、しっかり記録しておくことをおすすめしたい。

どんなに小さなアンモナイトでも、もしかするとそれは、これまでだれも発見したことのない新種であったり、めったに見つからない希少種かもしれない。のちにそれが証《しょう》明《めい》されれば、自分の発見の記録が古生物研究に大きく役立つことになる。その、研究材料の一つとして、発掘時の状況《じょうきょう》は大切な情報《じょうほう》なのだ。

大きな化石を「発掘《はっくつ》」する手順

一方、大きな恐竜化石の「発掘」になると、一人で掘《ほ》りだすのはむずかしいため、大《おお》勢《ぜい》の人員が必要になる。

化石を見つけたら、まずはその場所をGPS《ジーピーエス》で正確《せいかく》に記録する。これは一度にすべての骨《ほね》を掘りきれなかった場合、何年かに分けて発掘をおこなう可能性《かのうせい》があるからだ。そして、その骨がどこまで散らばって埋《う》まっているのかチェックして、掘るべき範囲《はんい》のあたりをつける。

化石は硬《かた》い地層《ちそう》に埋まっていることも多いから、それを削《けず》りだすために油圧《ゆあつ》ショベルなどの重機が用いられることもめずらしくない。1体の恐竜の骨がまとまって埋まっている場合、まず周囲を重機などで掘り込《こ》んでいくのだ。すこしずつ化石が入っている地層に向かって重機や削岩機《さくがんき》をつかって岩を取《と》り除《のぞ》いていく。

地層にたどりついたら、ツルハシやハンマー、タガネをつかってさらに細かく掘っていき、できるだけ骨《ほね》の周辺の余白《よはく》を小さくしていくのだ。

あるていどのところまで掘《ほ》ったら、まわりの岩ごと骨《ほね》化《か》石《せき》を研究室にもち帰ることになる。

この際《さい》、運搬《うんぱん》中《ちゅう》に化石が破損《はそん》しないように、化石が入った岩に石膏《せっこう》をしみこませた麻布《あさぬの》を貼《は》り付《つ》けていき、固める作業が必要となる。これが化石を保護《ほご》するクッションとなるわけだ。

大きな岩の塊《かたまり》を石膏で固めるのだから、当然さらに重量は増《ま》す。これを人力

石膏をしみこませた麻布で、化石を固めているところ。

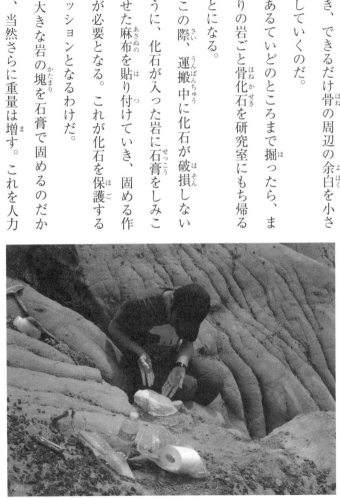

でも持ち上げるのが不可能《ふかのう》なときは、ジャッキなどでもち上げてトラックに積《つ》み込《こ》み、研究室であらためて細かなクリーニングをおこなうというのが、一連の手順だ。

「――学者なんて、涼《すず》しい顔で指示《しじ》を出すだけでしょう?」

たまに、そんなふうにいわれることがある。しかし、それは大きな誤解《ごかい》だ。たいていの発掘現場《はっくつげんば》に上下関係はなく、高名な研究者もボランティアの学生も、みんなで一つの作業に邁進《まいしん》している。

じっさい、学生も研究者も差別なく、スコップとツルハシを交互《こうご》にもちかえ、大汗《おおあせ》をしたたらせながら岩を削《けず》った。

肉体的にも精神的《せいしんてき》にも大変な作業だったが、一刻《いっこく》もはやくそこに埋《う》まっている骨《ほね》の全《ぜん》貌《ぼう》を確認《かくにん》したい。それがどのような恐竜なのか、姿《すがた》をこの目で見たい。皆《みな》、そんな気持ちで一致《いっち》していたにちがいない。

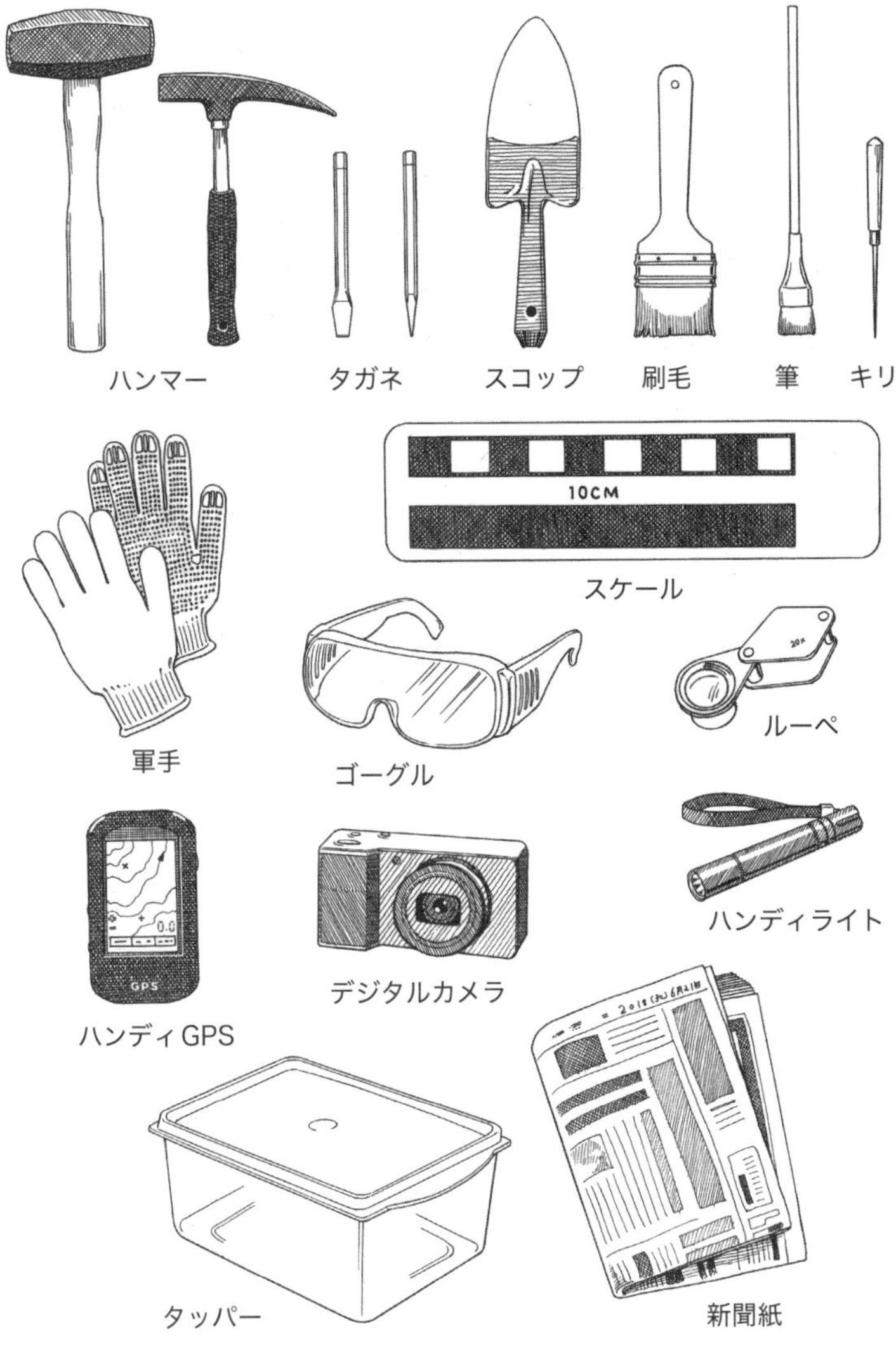
ハンマー
タガネ
スコップ
刷毛
筆
キリ
10CM
スケール
軍手
ゴーグル
ルーペ
ハンディライト
GPS
ハンディGPS
デジタルカメラ
タッパー
新聞紙

恐竜発掘《はっくつ》の主要6か国

恐竜が発見されているのは、主にアメリカ、モンゴル、カナダ、中国、アルゼンチン、イギリスである。

これらの国には発掘に適《てき》した中生代の地層《ちそう》が多く、いまも盛《さか》んに調査《ちょうさ》がおこなわれている。なにしろこの6か国だけで、これまで発見された恐竜化石の4分の3が産出しているほどなのだ。

こうした国々のなかで、ぼくがここ数年とくに重視《じゅうし》しているフィールドは、モンゴルやカナダ、アメリカだ。

たとえばモンゴルでは毎年、ゴビ砂漠《さばく》で1か月前後のキャンプ生活をして、新しい恐竜を探《さが》している。

ゴビ砂漠は日本の3倍以上の面積をもつ広大な砂漠だ。これまでに調査されたエリアはまだほんの一部にすぎないから、くまなく調査を続ければ、きっと知られざる古生物がたくさん発見できるのではないかと期待している。

なお、中生代の地層《ちそう》がある場所というのは、都市から遠く離《はな》れた山のなかであることが多い。

そのためなかなか調査《ちょうさ》の手が行《ゆ》き届《とど》かないことが多く、有望視《ゆうぼうし》されていながらまったく手付かずのエリアが少なくないのが実情《じつじょう》だ。

できるだけ新しい発見をもとめているぼくとしては、まだ人が立ち入っていないエリアを優先的《ゆうせんてき》に調査するのが理想。この地球上には、これまで人間がいっさい立ち入ったことのない場所が、まだたくさんのこされている。

そうした場所を訪《おとず》れたときには、もしかするとそこに人類が立つのは、自分が初めてなのではないかと感じることがある。

そこに生えている1本の草や木は、人間という生物にこれまで一度も出会っていないのではないか、と。

だれも足を踏《ふ》み入《い》れたことのない場所に立つことは、月面に人類が降《お》り立《た》ったときとおなじロマンがあるようにぼくには感じられる。これはけっして大げさではないだろう。

だからこそ、人間がまだ見たことのない大発見がある可能性《かのうせい》は高い。これから調査《ちょうさ》が進めば、ぼくたちの想像《そうぞう》もつかない姿《すがた》をした恐竜たちが登場するかもしれない。

第四章

「ハヤブサの目」とよばれて

「謎《なぞ》の恐竜」の正体を追え！

あたりまえのことではあるが、恐竜の発掘調査《はっくつちょうさ》には少なからずコストがかかる。だからぼくたちとしては、せっかくお金と時間をついやして発掘をしたのに、めぼしい化石は出てこなかったという事態《じたい》は、できるかぎり避《さ》けたい。そのため、事前にしっかりと地層《ちそう》調査をおこなう必要がある。

といっても、恐竜がいつどの場所で死んだのか、正確《せいかく》なポイントはだれにもわからない。だから、どれだけ日数をかけて調査しても、目指す成果が得られないことだってある。

ここでいうところの目指す成果とは、恐竜の研究を一歩進める、新たな発見を意味している。それはまだ知られていない新種の恐竜の骨《ほね》であったり、既存《きそん》の恐竜の新たな生態《せいたい》を示《しめ》す材料であったり、さまざまだ。

ぼくはこれまでに多くの恐竜化石を発見し9種の新種を命名してきたが、そのなかでいまでも当時の興奮《こうふん》がわすれられない発見がある。それは、長らく「謎《なぞ》の恐竜」とされてきた、デイノケイルスに関する発見だ。

ぼくが初めてデイノケイルスの化石を目にしたのは、２００１年にフィンランドのヘルシンキで催《もよお》されたモンゴル化石展《かせきてん》だった。ヘルシンキには、世界最大級の恐竜化石の博物館があるのだ。

デイノケイルスとは、「恐《おそ》ろしい手」という意味。１９６５年にモンゴルのゴビ砂漠《さばく》で、腕《うで》の部分だけ化石が発見されたことから、こうよばれるようになった。

では、いったいなにが「恐ろしい」のか。それは、腕のサイズである。

見つかった腕の全長は、およそ2メートル50センチ。この腕の長さから全体像《ぜんたいぞう》を試算してみると、史上最強の肉食動物といわれるティラノサウルスをはるかに凌《りょう》駕《が》する大きな恐竜であったことになる。

「……で、でかい！」

ヘルシンキでじっさいにデイノケイルスの腕《うで》を見た瞬間《しゅんかん》、思わず口からそんな言葉がこぼれた。

いかに大きな化石であるかは、あらかじめ資料《しりょう》などを読んで理解《りかい》していたつもりだ。しかし、いざ本物を目《ま》の当《あ》たりにしてみると、その大きさは想像《そうぞう》以上の迫力《はくりょく》だった。

これほど巨大《きょだい》な恐竜が、本当に存在《そんざい》したのだろうか？　腕の発見以降《いこう》、世界中の恐竜学者が躍起《やっき》になってその正体をつきとめようとしていたが、新しい材料はまったく出てこない。デイノケイルスは、まさに「謎《なぞ》の恐竜」だった。

しかし、謎といわれればいっそう興味《きょうみ》をもち、自分の手で解明《かいめい》したいと思うのが学者というものだ。

「謎の恐竜」の正体はダチョウ恐竜なのか？

実物を目の前にして、その腕《うで》のかたちをつぶさに観察したところ、即座《そくざ》に感じるものがあった。

「オルニトミモサウルス類の腕の形状《けいじょう》とそっくりだ。デイノケイルスは、オルニトミモサウルス類に属《ぞく》する恐竜だったのかもしれない……！」

オルニトミモサウルス類とは、ティラノサウルスなどをふくむ獣脚類《じゅうきゃくるい》のうち、「ダチョウ恐竜」といわれる一群《いちぐん》である。

長い首と小さな頭、そして細くて長い後肢《こうし》をもっているのが特徴《とくちょう》で、そのフォルムは現代《げんだい》のダチョウによく似《に》ている。

オルニトミモサウルス類はぼくにとって主要な研究対象でもあり、これまでに世界中の化石を見てきた。だからこそ、デイノケイルスがオルニトミモサウルス類に酷似《こくじ》していることは、ぼくにとって大きなおどろきだったのだ。なぜなら、二足《にそく》歩行で速く走ることができたといわれるオルニトミモサウルス類としては、デイノケイルスはあまりにも大きすぎるからだ。

ちなみに、これまでに発見されているオルニトミモサウルス類のなかで、もっとも大きな種の一つが、モンゴルから発見されているガリミムスだ。

ガリミムスは体長が約6メートルの恐竜で、もっとも大きなものでも腕《うで》の長さは1メートル30センチていど。デイノケイルスの2メートル50センチというのは、その倍に近いサイズである。これほどの巨体《きょたい》では、それだけ体重も重くなり、素早《すばや》く移動《いどう》するのはむずかしかったはずだ。

それに、モンゴルのゴビ砂漠《さばく》では100年近くも恐竜の調査《ちょうさ》が続けられているのに、これほど大きなオルニトミモサウルス類が棲《す》んでいた証拠《しょうこ》は、いまのところ一つも見つかっていない。

では、デイノケイルスとはいったい何者なのか。頭や胴体《どうたい》など、腕以外の部分はどのようなかたちをしていたのか。そして、この大きな腕《うで》を、どのようにつかっていたのか。——謎《なぞ》はますます深まるばかりだった。

その正体を知るためには、じっさいにデイノケイルスが発見された場所を調査《ちょうさ》するのがいちばんだとぼくは考えた。もしかすると、掘《ほ》りのこしたほかのパーツが埋《う》まっている可能性《かのうせい》だってあるかもしれない。

そこでぼくは、２００８年の夏、発見場所であるモンゴルのゴビ砂漠《さばく》へと向かうことにした。

大捜索《だいそうさく》！　40年前のデイノケイルス発掘《はっくつ》ポイント

広大なゴビ砂漠のなかにあるネメグト盆地《ぼんち》に、「アルタンウル」とよばれる発掘スポットがある。

〝アルタン〟は〝金の〟、〝ウル〟は〝山〟という意味で、つまりここは恐竜化石がざくざくと発掘《はっくつ》される金の山なのだ。

じっさいにこの地からは、ティラノサウルスの仲間をはじめ、多くの化石が発見されており、世界中の恐竜学者から注目されている。

デイノケイルスの腕《うで》が発見されたのも、このアルタンウルだった。

しかし、そのアルタンウルもまた、広範囲《こうはんい》に広がっている。デイノケイルスが掘《ほ》りだされたのは40年以上も前のことだから、その場所をいまさら特定するのは簡単《かんたん》ではない。

ひとまず、当時の記録をたよりに周辺を調べてまわってみるものの、どうやらデータが正確《せいかく》ではないようで、なかなかそれらしいポイントにたどりつけない。当時はGPS《ジーピーエス》の技術《ぎじゅつ》も未発達だから、これはやむを得ないことだろう。

こうなると、頼《たの》みの綱《つな》は当時の調査《ちょうさ》チームがのこした現場《げんば》写真しかない。それも、いまのようなカラー写真ではなく、白黒写真だ。

記録があてにならない以上、白黒写真にうつっている地形をヒントにするしかなかった。

ぼくらは写真を片手《かたて》に、何日もアルタンウルをさまよい続けた。しかし、砂漠《さばく》の風景というのは、どこもかしこも似《に》たような地形に見えるから困《こま》ってしまう。

時折、調査《ちょうさ》チームの一員から、「ここじゃないか？」という声がきこえてくるものの、写真の地形と周囲の風景を見比《みくら》べてみると、微妙《びみょう》に異《こと》なることがたびたびあった。

デイノケイルスの発掘現場《はっくつげんば》を正確《せいかく》につきとめることの意味は、掘《ほ》りのこした化石を手に入れるためだけではない。

場所がわかれば、デイノケイルスが埋《う》まっていた地層《ちそう》があきらかになる。地層が特定されれば、デイノケイルスが生きた時代が判明《はんめい》し、ほかにどのような生物たちと共存《きょうそん》していたのかを知る材料になる。これは生態《せいたい》を解明《かいめい》するうえで重要なデータなのだ。

だからとにかく、40年前の発掘現場を見つけなければはじまらない。

炎天下《えんてんか》の砂漠《さばく》を何日も探《さが》し続《つづ》けるのは、まさしく重労働だ。喉《のど》の渇《かわ》きや体力の消耗《しょうもう》に耐《た》えながら、ぼくたちは根気よく探《さが》し続《つづ》けた。

そして、そんな努力がほどなくむくわれることとなる。目的のポイントが、ぼくたちのキャンプのすぐそばから発見されたのだ。

「こんな近くにあったのか――。」

だれもが安心し、それでいて拍子《ひょうし》抜《ぬ》けしたような表情《ひょうじょう》をしていた。

そのポイントを特定できたきっかけは、そこにのこされていた木の屑《くず》や釘《くぎ》だった。当時の調査《ちょうさ》チームは、化石を保護《ほご》する石膏《せっこう》の代わりに、木の板で化石の周囲をおおって取りだしていたことが記録にのこっており、その破片《はへん》が決め手となったのだ。

まさに灯台下暗《とうだいもとくら》し。どっと疲《つか》れる思いもあったが、それよりも大きな喜びがまさった。

40年前の発掘《はっくつ》ポイントを再調査《さいちょうさ》

そのポイントを白黒写真と比《くら》べてみると、40年以上たっても、まわりの風景がまったく変わっていないことにおどろかされた。丘《おか》や谷のかたちだけでなく、そこに転がっている大きな岩まで、すべて変わっていないのだ。

ぼくたち人間社会における40年は、とても長い時間だが、恐竜の歴史においてはそうではないのかもしれない。ゴビ砂漠《さばく》では、ぼくたちの世界とはかけはなれた、ゆったりとした時間が流れていることを実感させられた瞬間《しゅんかん》でもあった。

すぐに発掘《はっくつ》当時の資料《しりょう》をひらいて、上腕骨《じょうわんこつ》が発見された場所や、肩甲骨《けんこうこつ》が発見された場所、手《て》の甲《こう》の骨《ほね》が発見された場所を次々に特定していく。すると、周辺にまだ掘《ほ》られていない場所がいくつかあることがわかる。

それらしき場所をスコップで掘りかえしていく。スコップを突《つ》き刺《さ》すと、サクッと簡《かん》単《たん》に地中に入っていく。

ぼくたちは嫌《いや》な予感にさいなまれた。このやわらかい土壌《どじょう》はおそらく、40年前の調《ちょう》査《さ》隊《たい》が発掘《はっくつ》中《ちゅう》に積み上げた砂《すな》だろう。このまま掘《ほ》っても、新たな化石がでてくる可能《かのう》性《せい》は低いのではないか。

それでもあきらめずに砂を掘り続けていたところ、突然《とつぜん》カチッという音とともに、スコップの先がなにか硬《かた》いものにふれた。砂の下に岩があるらしい。

そこでメンバー総出《そうで》で、半日がかりで砂をすべてどけてみることに。すると、岩の表面が見えてきた。これが40年前に発掘された地層《ちそう》の表面だ。

「ここを掘ってみれば、デイノケイルスの掘りのこしが見つかるかもしれない……！」

とたんに皆《みな》の表情《ひょうじょう》が明るくなる。

ぼくたちはのこされた部分の岩を慎重《しんちょう》にはがしていった。

ところが、作業を続けること、およそ1時間。ついにのこされたすべての岩をはがしきったが、そこにはなにものこされていなかった。

一転して、皆の表情が暗くなる。やはり、デイノケイルスは謎《なぞ》の恐竜のままなのか。

すると、ぼくたちが作業していた場所からすこし離《はな》れたところで、別のスタッフが大声をあげた。

「骨《ほね》だ……!　恐竜の骨が出てきたぞ。」

すぐにその場所に走っていく。そこにあったのは、なんらかの恐竜の脊椎骨《せきついこつ》のかたまりだった。

40年前の発掘《はっくつ》資料《しりょう》を読み返すと、たしかに脊椎骨が発見されたことが記録されている。きっと、研究には値《あたい》しないと判断《はんだん》され、その場に捨《す》て置《お》かれたのだろう。

ぼくたちはこの骨のかたまりのなかから、思いがけない発見を得ることになる。

デイノケイルスを食べたのはだれ?

見つかった骨のかたまりは、けっして保存状態《ほぞんじょうたい》のいいものとはいえなかった。

それでもつぶさに観察していると、そのなかから肋骨《ろっこつ》の一部と思われる細い骨が見つかった。

「……あれ？　この肋骨《ろっこつ》、ちょっとおかしいですよ。細い線がたくさんのこっている。これはなんでしょう。」

それは腹肋骨《ふくろっこつ》とよばれる部位の2本の骨《ほね》で、長さはおよそ6センチと7センチ。太さはどちらも1・5センチていどだ。

さほど大きな骨ではないが、よく見てみると、そこにはたしかに、平行に走る溝《みぞ》がたくさん確認《かくにん》できる。

「これはもしかすると、デイノケイルスが肉食恐竜に食べられたときの歯の痕《あと》では？」

だれかがふいにそういうと、その場の全員の顔色が変わった。噛《か》み痕《あと》がのこった骨は、なかなか見つけることができない貴重《きちょう》な化石なのだ。

それだけでも大収穫《だいしゅうかく》だったが、さらに謎《なぞ》が謎をよぶ。デイノケイルスの体重は6〜

12トンで、これは大型のティラノサウルス類とほぼ同サイズ。これほど大きなデイノケイルスを襲《おそ》って食べたのは、いったいどんな恐竜なのか？

ぼくたちはその場で、ルーペをつかって細かく嚙《か》み痕《あと》の溝《みぞ》を調べはじめた。恐竜がのこす嚙み痕には、おおまかに3つのタイプがある。

骨《ほね》ごと肉を嚙み、穴《あな》になった嚙み痕。

嚙んだときに歯の先が骨を削《けず》ってできる溝。

そして歯の縁《ふち》にあるギザギザの部分（鋸歯《きょし》）でつけられた、たくさんの細い線。

このうちもっとも重要な証拠《しょうこ》となるのはギザギザの痕で、これが確認《かくにん》できればデイノケイルスを食べた〝犯人《はんにん》〟を解明《かいめい》できるかもしれない。

はたして、ルーペで溝をさらによく観察してみると、溝の幅《はば》は1ミリほどで、断面《だんめん》はU字形をしているのがわかった。

デイノケイルスとおなじ時代にモンゴルに棲息《せいそく》していた肉食恐竜はかぎられている。

噛《か》み痕《あと》の特徴《とくちょう》をたよりにそこから犯人をしぼりこんでいくと、アヴィミムス科やカエナグナトゥス科、オルニトミムス科といった種については、真っ先に除外《じょがい》することができた。なぜなら、この3種には歯がないからだ。

さらに歯の大きさや食性《しょくせい》などから、すこしずつ候補《こうほ》をしぼっていく。すると最終的に、ドロマエオサウルス科とティラノサウルス科という2種がのこった。

これらは「超《ちょう》肉食恐竜」とよばれる種で、ドロマエオサウルス科は鋭《するど》い爪《つめ》と歯をもち、ティラノサウルス科は巨大《きょだい》な体と強靱《きょうじん》な顎《あご》をもっていたことで知られている。いずれもデイノケイルスを食べた犯人《はんにん》として申し分ない。

そしてこの時代にモンゴルに棲息《せいそく》していたのは、ドロマエオサウルス科ならアダサウルス、ティラノサウルス科ならタルボサウルスである。この2種から真犯人をしぼりこむ材料となったのは、歯のサイズだった。

ギザギザとした鋸歯《きょし》に注目すると、アダサウルスの鋸歯は幅《はば》0・5ミリほどでデイノケイルスの腹肋骨《ふくろっこつ》にのこされた溝《みぞ》よりも小さい。それに対して、タルボサウルスの鋸歯は1ミリと大きく、デイノケイルスにのこされた痕《あと》と一致《いっち》する。つまり、犯人はタルボサウルスで確定《かくてい》だ。

さらにいえば、噛《か》み痕《あと》がのこっているのが腹肋骨《ふくろっこつ》だけで、それまでに発見された腕《うで》や肩《かた》、そして脊椎《せきつい》の部分に同様の痕は見られない。

つまり、タルボサウルスはデイノケイルスのお腹《なか》の部分を食べていたのだ。そう考えると、獰猛《どうもう》なタルボサウルスが血まみれになりながらデイノケイルスの内臓《ないぞう》をむさぼっていた姿《すがた》が、ありありと想像《そうぞう》できる。

この時点では、肝心《かんじん》のデイノケイルスの全貌《ぜんぼう》はまだわからない。しかし、7000万年の時を越《こ》え、こうして巨大《きょだい》な2頭の恐竜がぶつかり合う様子が頭のなかでダイナミックに再現《さいげん》されるのは、なんだか不思議な気分だった。

デイノケイルスがオルニトミモサウルス類である根拠《こんきょ》

「デイノケイルスって、いったいどんな恐竜だったんだろう？」

その日の夜、テントのなかでぼくは、ほかの研究者にそう聞いてみた。

デイノケイルスがどのような種類の恐竜だったのかは、全身の化石が見つからなければ特定できない。しかし、肩《かた》から先の骨《ほね》が見つかっているだけでも、ヒントとしては大きいはずだ。

すると、ある研究者がこう答えた。

「40年前にデイノケイルスが発見されたネメグト層《そう》からは、おなじように腕《うで》が長いテリジノサウルスという恐竜が発見されている。これだけ巨大《きょだい》な腕をもつ恐竜同士はめずらしいから、なにかの関係があったんじゃないだろうか。」

つまり、デイノケイルスはテリジノサウルスに近い種類の恐竜だと彼《かれ》はいうのだ。たしかに、デイノケイルスとテリジノサウルスをまとめて、「デイノケイルス類」とする学者も存在《そんざい》する。

しかし、ぼくの考えはそうではなかった。デイノケイルスは、あくまでオルニトミモサウルス類に属《ぞく》する恐竜であるというのがぼくの仮説《かせつ》だ。

その根拠《こんきょ》は、大きく3つある。すこし専門的《せんもんてき》になるが、順に解説《かいせつ》していこう。

ひとつ目はまず、肩《かた》の骨《ほね》の形状《けいじょう》だ。肩甲骨《けんこうこつ》と烏口骨《うこうこつ》とよばれるそれぞれ2つの部分が、ほかの獣脚類《じゅうきゃくるい》恐竜とちがい、オルニトミモサウルス類の特徴《とくちょう》と一致《いっち》している。

次に、上腕骨《じょうわんこつ》。上腕骨には三角胸筋稜《きょうきんりょう》という部分があり、多くの獣脚類恐竜は大きな三角胸筋稜をもっている。しかし、オルニトミモサウルス類もデイノケイルスも、三角胸筋稜は大きくない。

そして3つ目は中手骨《ちゅうしゅこつ》だ。これは手《て》の甲《こう》にあたる骨で、オルニトミモサウルス類にもデイノケイルスにも、3本の中手骨がある。これらはそれぞれ、第一中手骨、第二中手骨、第三中手骨とよばれ、進化型のオルニトミモサウルス類の中手骨はどれもほぼおなじ長さなのが特徴《とくちょう》だ。これが、デイノケイルスの特徴と一致《いっち》するのだ。

これだけ条件《じょうけん》がそろえば、腕《うで》しか材料がないとはいえ、デイノケイルスをオルニトミモサウルス類と考えるのは自然なことなのではないか。

その一方で、反論《はんろん》材料がないわけではない。たとえば、末節骨《まっせつこつ》という、指先の爪《つめ》の部分の骨《ほね》だ。

オルニトミモサウルス類の末節骨は、横から見るとゆるくカーブし、その下の面には屈筋小結節《くっきんしょうけっせつ》という突起《とっき》がある。しかし、デイノケイルスの末節骨は強くカーブし、屈筋小結節は関節面のすぐ近くに位置している。

両者を比較《ひかく》すると、デイノケイルスの末節骨はやや原始的に思えるが、逆《ぎゃく》に巨大化《きょだいか》していく際《さい》に進化した、新しいかたちと考えることだってできるだろう。

いずれにしても、こうした議論《ぎろん》に決着をつけるには、デイノケイルスのほかの部分のパーツが必要だった。

デイノケイルスの前脚骨

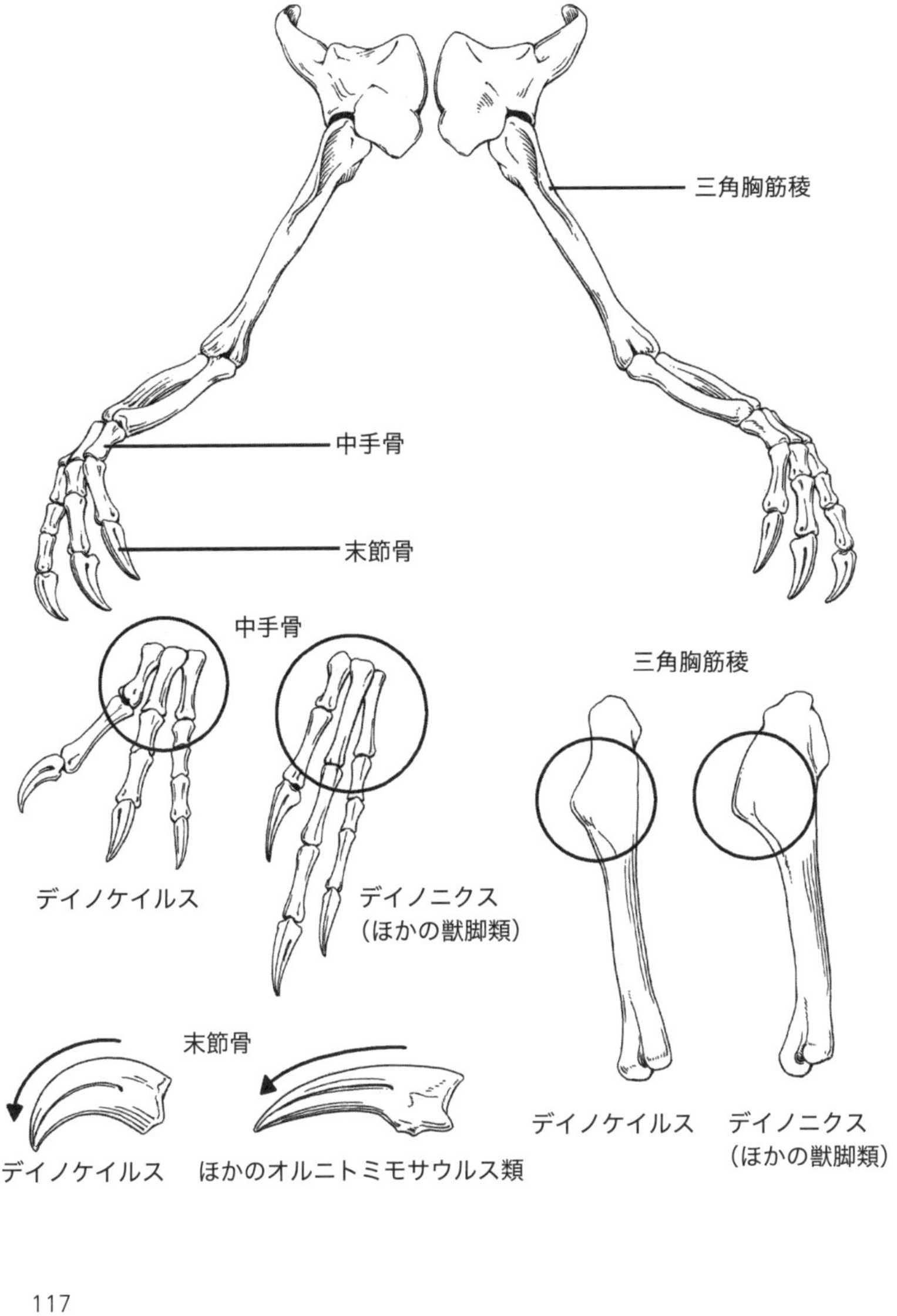

ついにデイノケイルス発見！

ところで、ぼくらが調査《ちょうさ》しているモンゴル南部の地層《ちそう》は、白亜紀《はくあき》末期のもので、オルニトミモサウルス類が多く棲息《せいそく》していたことがわかっている。

ここで、おなじ時代のほかの地域《ちいき》の地層と特徴《とくちょう》を比《くら》べてみると、興味深《きょうみぶか》い事実にいきあたる。

カナダやアメリカのおなじ時代の地層からは、オルニトミモサウルス類といっしょにハドロサウルス科や角竜類《つのりゅうるい》、テリジノサウルス科に属《ぞく》する恐竜が多く見つかっていて、それらがティラノサウルスのお腹《なか》を満たしていたものと考えられている。

ところが、モンゴルではハドロサウルス科はいても、角竜類は見つかっていない。

なぜ角竜類が棲息《せいそく》していなかったのかは謎《なぞ》だ。しかし、それが生態系《せいたいけい》にどのような影《えい》響《きょう》をおよぼすのかを考えてみると、一つの可能性《かのうせい》が見えてくる。

デイノケイルスが巨大《きょだい》な腕《うで》をもつ恐竜なら、テリジノサウルスは巨大な爪《つめ》をもつ恐竜だ。角竜類《つのりゅうるい》がいないモンゴルでは、角竜類にかわってテリジノサウルスやデイノケイルスが生活圏《せいかつけん》を支配《しはい》したことが予想でき、両者が巨大化したのはそのためだろう。

つまり、デイノケイルスとは巨大化したオルニトミモサウルス類であると考えることに、無理はないはずだ。

そして２００９年の夏。ぼくたちはゴビ砂漠《さばく》で大きな恐竜の胴体《どうたい》の化石を発見する。

「かなり大きいな。これはタルボサウルスだろうか。」

「いや、テリジノサウルスじゃないか？」

全体のサイズから、そう予想する研究者が何人かいたが、損傷《そんしょう》が激《はげ》しいためなかなか全容《ぜんよう》がつかめない。ところが――。

「ちがう、これはテリジノサウルスなんかじゃない！　これはもしかすると……デイノケイルスじゃないか!?」

幸いにして、損傷《そんしょう》してはいても地中に多くの骨《ほね》をのこしていたこの化石。細かな部分をどんどん掘《ほ》り起《お》こしていくうちに、それはぼくらがもとめ続けたデイノケイルスの特徴《とくちょう》をはっきりとあらわしはじめたのだ。

「まちがいない！　ついにデイノケイルスを見つけたんだ……！」

このゴビ砂漠《さばく》での調査《ちょうさ》は2010年まで続けられ、ぼくらは最終的にデイノケイルスの全身骨格《こっかく》を2体発見することに成功する。

これにより、デイノケイルスの全体像《ぜんたいぞう》があきらかになり、「謎《なぞ》の恐竜」はついにその特徴や実態《じったい》を白日のもとにさらすこととなった。

その後の研究により、デイノケイルスは、ティラノサウルスに匹敵《ひってき》する巨大《きょだい》な体をもち、1メートルにおよぶ前後に細長い頭部や、水平に広がったくちばし、そして背中《せなか》に帆《ほ》をそなえた、なんとも独特《どくとく》な姿《すがた》をしていることがわかった。その異形《いぎょう》はぼくの予想をはるかに超《こ》えるものだった。

さらに、腹部《ふくぶ》からは魚の背骨《せぼね》やうろこが見つかったことから、この恐竜が植物だけでなく魚類も食べていたことも判明《はんめい》した。

半世紀ものあいだ謎《なぞ》とされてきたその全容《ぜんよう》が、世界中の恐竜学者をおどろかせたことはいうまでもない。

最初はわずかな骨《ほね》しか存在《そんざい》しなくても、すこしずつパーツがそろい、やがて思いもよらない正体をあらわにする。これこそ、恐竜研究の醍醐味《だいごみ》といえるだろう。

盗掘屋《とうくつや》が暗躍《あんやく》するモンゴル

広大な地層《ちそう》をかかえるモンゴルは、きっと今後もたくさんの恐竜の姿《すがた》をぼくたちに見せてくれるにちがいない。

なにより、日本で暮《く》らすぼくからすれば、モンゴルはもっともアクセスしやすく、スムーズに調査《ちょうさ》しやすい国の一つとして重宝《ちょうほう》している。

最近はぼくが勤務《きんむ》する北海道大学《ほっかいどうだいがく》の学生たちに関係者をくわえた、10人ていどのチームで出向くことが多い。ここに現地《げんち》でモンゴル側の研究者10人がくわわり、20人前後でキャンプを張《は》るのだ。

モンゴルに到着《とうちゃく》したあとは、目的地まで車で移動《いどう》することになる。広大な国なので、まる一日かかってしまうが、道路が整備《せいび》されていなかったころは、3日間かかることもめずらしくなかった。

テントは日本から持参する。自分たちが寝泊《ねと》まりするテントだけでなく、食堂代わりにつかう大きなダイニングテントも用意する。

チームにはいつも、モンゴル人のコックが参加していて、トラックのなかにあるキッチンで料理をつくってくれる。羊肉を中心としたモンゴル料理が多く、それをダイニングテントのなかで食べるのだ。

発電機も完備《かんび》し、冷蔵庫《れいぞうこ》もあるから、生活面での苦労は意外と少ない。しかし、モンゴルでの発掘調査《はっくつちょうさ》には、大きな問題がつきまとう。それは盗掘《とうくつ》だ。

調査期間にはかぎりがあるから、もし大きな化石を発見したとしても、それを最終日までに掘《ほ》りだすことができないこともめずらしくない。

通常《つうじょう》であればその場合、掘りのこしたものはいったん埋《う》めなおし、そのポイントをGPS《ジーピーエス》などで記録する。そして翌年《よくねん》の再調査《さいちょうさ》でもう一度掘り起こす。

どの国でも正規《せいき》の調査《ちょうさ》チームではない、アマチュアの化石マニアがやってきて、化石をもっていかれてしまうことはあるが、カナダやアメリカでは、カモフラージュのために麻布《あさぬの》など目立たない色のジャケットをかぶせておけばそれでいい。

しかし、プロの盗掘屋が暗躍《あんやく》しているモンゴルでは、一度見つけた化石は、最後まで掘りださなければならない。途中《とちゅう》で撤収《てっしゅう》しようものなら、次またその場所へ来るまでのあいだに、化石はぜんぶもちさられてしまうのだ。

かといって、ずっと現場《げんば》を見張《みは》っているわけにもいかないし、発掘を終えるまで調査期間をのばすことも予算的にむずかしい。

そんなぼくらがその場を去るころを見計らい、盗掘屋《とうくつや》はやってくる。そして目的をとげたらしずかにその場を去っていく。

盗掘屋は盗《ぬす》んだ化石を、世界中のマーケットで売りさばいてしまう。売る先の一つは、じつは、日本だ。

都内でも化石を販売《はんばい》しているイベントがあるが、これはもともと、アジア圏《けん》の盗掘屋から仕入れたものなのだ。

ファンからすれば本物の化石を手にできるのは、ありがたいことかもしれない。しかし、盗んだ化石に支払《しはら》ったお金は、そのまま盗掘屋の活動資金《しきん》になる。貴重《きちょう》な化石が研究者の目にふれることなくお金に替《か》えられてしまうのは、学術的《がくじゅつてき》に大きな損失《そんしつ》だ。

化石が掘《ほ》りだされるなら、だれが掘ったものでもいいではないかという声もあるかもしれない。たしかに、発掘調査《はっくつちょうさ》にコストをかけるより、盗掘屋に対価《たいか》を払って化石を手に入れたほうが、安上がりなのは事実だろう。

しかし化石というのは、ただ物があればいいわけではない。発掘現場《はっくつげんば》の状況《じょうきょう》には、重要なデータがふくまれている。

たとえば、その骨《ほね》がどのような地層《ちそう》でどう埋《う》まっていたのか、状態《じょうたい》をつぶさに分析《ぶんせき》すると、その恐竜がどのように死んだのかがわかることがある。

あるいは、そこに複数《ふくすう》の恐竜が埋《う》まっていたとすれば、それが親子なのか、あるいは群《む》れで生活する種だったのかなど、生態《せいたい》に関する資料《しりょう》になる。

ところが、すでに掘《ほ》りだされた状態では、そうしたデータは消えてしまう。

本来であれば、モンゴル政府《せいふ》がしっかりと取《と》り締《し》まらなければならないところだが、なかなか手がまわらずにいるのが現状《げんじょう》だ。これはぼくたちの研究をはばむ、大きな問題といえる。

胃袋《いぶくろ》のなかの石はなんのため?

その恐竜の正体を知るためには、一つでも多くの化石を見つけなければならない。しかし、化石さえ見つかればすべてがあきらかになるかというと、そうではない。なかには発見された化石のなかにある重大な事実を、研究者たちが知らず知らずのうちに見逃《みのが》していることだってある。

1997年に中国で発掘《はっくつ》された、シノルニトミムスの化石もその一例だろう。シノルニトミムスをふくむオルニトミモサウルス類はそれまで、顎《あご》の形状《けいじょう》などから雑食《ざっしょく》といわれていたが、くわしい生態《せいたい》はわからずにいた。

その動物が植物食だったのか肉食だったのかを知るのは、現生《げんせい》動物であってもむずかしいことだ。まして、絶滅《ぜつめつ》した恐竜の場合はかぎられた証拠《しょうこ》しかないのだから、なおさらである。

恐竜のそうした食性《しょくせい》を知る材料としては、歯のかたち、歯の磨耗《まもう》の度合い、骨格《こっかく》の構造《こうぞう》、さらには、胃の内容物《ないようぶつ》や糞《ふん》の化石などが挙げられる。一般的《いっぱんてき》に獣脚類《じゅうきゃくるい》は肉食で、ほかは植物食とされているが、なかには雑食の恐竜もいるからこのテーマは複雑《ふくざつ》だ。

ある日ぼくは、シノルニトミムスの化石をつぶさに観察していたところ、胃袋《いぶくろ》のなかに大量の小石がふくまれていることに気がついた。

しかし、それがなにを意味するのかわからない。食料とまちがえて飲《の》み込《こ》んだにしては、ちょっと量が多すぎる。

そこで、なにか手がかりを見つけようと、おなじ種に属《ぞく》する恐竜の化石を、ぼくはできるかぎり再調査《さいちょうさ》することにした。

ほかの研究者は「なぜわざわざそんなことをするんだ?」と不思議そうにしていたが、これはもう、勘《かん》というしかないだろう。ぼくにはそこに重要な意味があるように思えてならなかったのだ。

シノルニトミムスの石は主に、各個体《こたい》の背部肋骨《はいぶろっこつ》の近くに見られることが多かった。さらにくまなく骨格《こっかく》や構造《こうぞう》を精査《せいさ》し、やがて調査《ちょうさ》をはじめてから2年がたったころ、ぼくはついに真相をつきとめた。胃のなかの小石は、植物をすりつぶして消化するためのものだったのだ。

現代《げんだい》も一部の脊椎《せきつい》動物がおなじ仕組みをもっている。シノルニトミムスは植物を食べて生きていたのだ。

これはそれまでの定説をくつがえす発見で、ぼくが発表した論文《ろんぶん》は世界的な権威《けんい》を

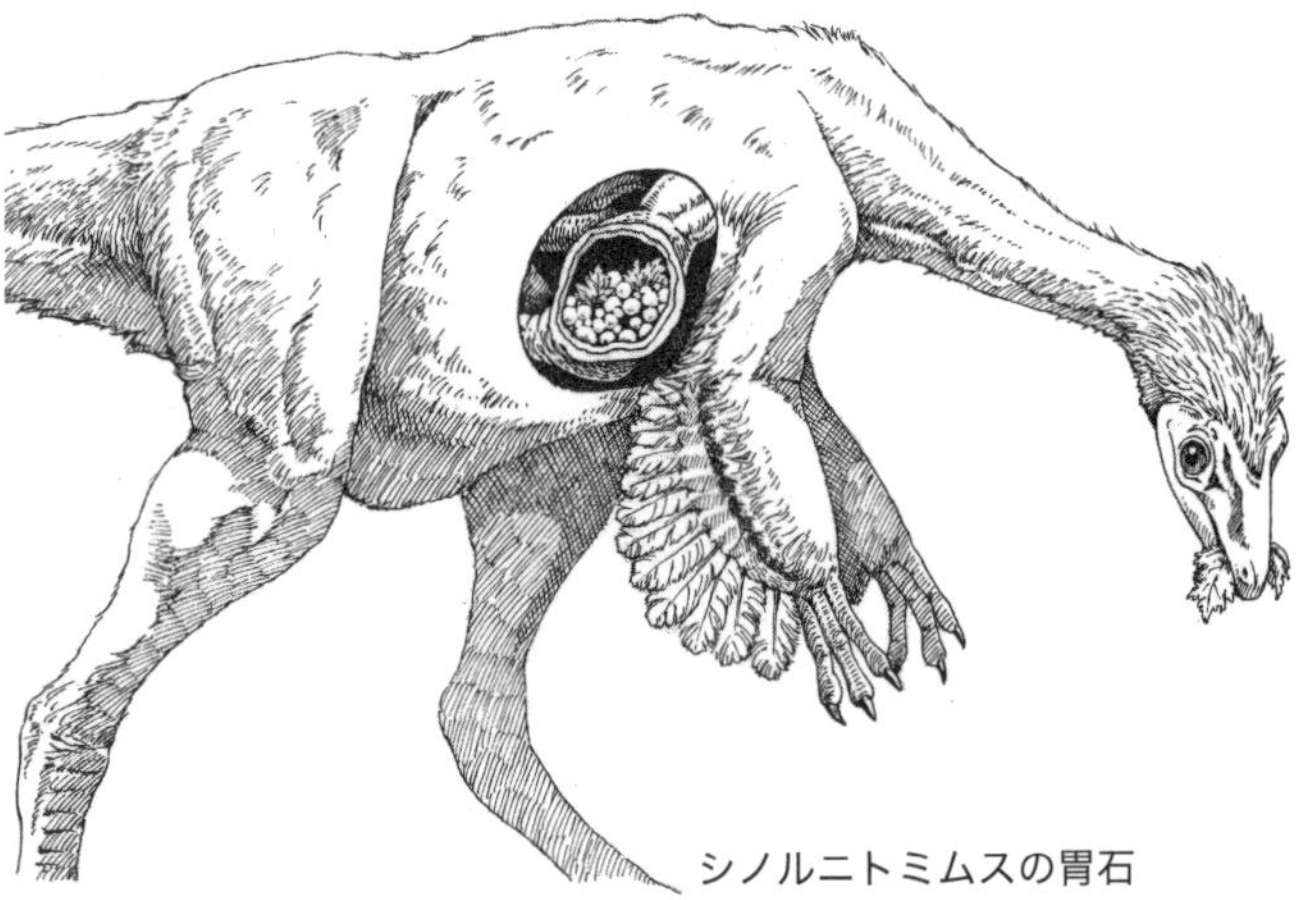

シノルニトミムスの胃石

もつサイエンス誌《し》『ネイチャー』に掲載《けいさい》され、大きな反響《はんきょう》をよんだ。

化石は発見してそれで終わりではない。そこからさらに、視点《してん》を変えてさまざまな検証《けんしょう》をこころみることで、新たな発見をよびこむことがあるのだ。

アジアと北米の恐竜のちがい

さまざまな国で発掘調査《はっくつちょうさ》をおこなっているからこそ、気づかされることがある。たとえば、デイノケイルスの項《こう》でのべたように、北米とアジアでは棲《す》んでいた恐竜の種類が異《こと》なるというのもその一つ。

ある年におこなわれたカナダでの発掘調査で、ぼくは角竜類《つのりゅうるい》の大きな恐竜の頭骨《とうこつ》を掘《ほ》りだす作業に立ち会ったことがある。

角竜類はトリケラトプスやスティラコサウルスなどに代表される、四足《しそく》歩行の植物食恐竜だ。

そのカナダの発掘現場《はっくつげんば》でぼくは、だれが見ても恐竜とわかる頭部の姿《すがた》が、すこしずつあらわになるのを見ながら、「すごい！」と大興奮《だいこうふん》でカメラのシャッターをきり続けた。ところがほどなく、大騒《おおさわ》ぎしているのはぼくくらいのもので、現地《げんち》の研究者たちのテンションは高くないことに気がついた。北米ではこうした角竜類《つのりゅうるい》の化石は、けっしてめずらしいものではないのだ。

逆《ぎゃく》に、モンゴルでおこなわれた発掘調査《ちょうさ》に欧米人《おうべいじん》の学者が参加した際《さい》には、テリジノサウルス類の化石に強い興味《きょうみ》を示《しめ》していたのを思いだす。北米ではテリジノサウルス類はほとんど産出していないからだ。

アジアと北米の恐竜のちがいは、ぼくがつねに意識《いしき》している研究テーマの一つである。

アジアの恐竜はどこからやってきたのか？

その答えとなる仮説《かせつ》の一つは、恐竜が生きていた7000万年前、アジアと北米は地続きで、恐竜は両大陸を自由に行き来していたということ。つまり、北米からアジアへ渡《わた》ったと考えられる。

しかし、すべての種が長い旅をまっとうできたわけではなく、移動《いどう》に失敗した恐竜もいるだろう。結果的に移動できなかった恐竜は、その大陸の固有種として進化していくことになる。

ともに大型の植物食恐竜だった、北米にしか存在《そんざい》しない角竜類《つのりゅうるい》とアジアにしか存在しないテリジノサウルス類は、まさにそうした歴史のあらわれといえるだろう。

もっとも、こうした仮説《かせつ》もまた、新たな化石の発見によって修正《しゅうせい》を迫《せま》られることもあるかもしれないが。

日本古生物学史上、最大の発見

ところで、アジアや北米でたびたび大きな発見があるのに対し、日本はどうか。

北陸から恐竜の化石がでたように、日本にもさまざまな種が棲息《せいそく》していたことはまちがいない。それにもかかわらず、恐竜に関する話題がとぼしいのはなぜか。

その理由の一つは、日本には露出《ろしゅつ》した地層《ちそう》が少ないため、世界の恐竜学者からほとんど見向きもされていないことがあるだろう。研究する人が少ないのだから、おのずと発見も少なくなる。

ところが、そんなイメージを一変させる大発見が、２００３年に北海道《ほっかいどう》・むかわ町からもたらされた。日本古生物学史上最大といっても過言《かごん》ではない発見だ。

北海道には白亜紀《はくあき》のころの海に堆積《たいせき》した地層が存在《そんざい》するため、海の生物の化石が産出する。とりわけアンモナイトの化石の産地としては世界的に有名だ。

北海道から産出するアンモナイトは、サイズやかたちがバリエーションに富《と》んでいる。指先ていどの小さなものから、直径が１メートルにもなる大きなものまでさまざま。

なかでも札幌《さっぽろ》の南東に位置するむかわ町は、豊《ゆた》かな自然にかこまれた地域《ちいき》で、化石がよく採取《さいしゅ》されることで知られている。

ことの発端《ほったん》は同町在住《ざいじゅう》の化石収《しゅう》集《しゅう》家《か》が、たまたま発見した骨《ほね》の化石を、むかわ町立穂別《ほべつ》博物館に寄贈《きぞう》したことからはじまる。

北海道《ほっかいどう》という土地柄《とちがら》、この化石収集家もまた、海の生物の化石をいくつも見てきた経《けい》験《けん》があるため、化石を手にした瞬間《しゅんかん》、すぐに異変《いへん》に気づいたという。

「これは、これまでに見てきた海棲《かいせい》生物とは、ちょっと様子がちがうぞ。」

具体的には、これまで見てきた骨と比《くら》べて、骨の内部のすき間が小さい。つまり、骨の密度《みつど》が高いように感じられたというのだ。

そこで、地元の博物館にあずけ、くわしく調べてもらおうと思いつく。

はたして、当初はワニの骨と思われていたこの化石は、ほどなくして首長竜《くびながりゅう》の尾椎《びつい》骨《こつ》と判断《はんだん》される。

しかし、首長竜《くびながりゅう》の断片《だんぺん》が発見されることはさしてめずらしいことではないため、博物館ではクリーニングの作業をあとまわしにされていた。恐竜研究は基本的《きほんてき》に人手不足。まして地方の博物館となればなおさらで、これは致《いた》し方《かた》のないことだろう。

ようやくその化石のクリーニングがはじめられたのは、2010年になってからのことだった。つまり、発掘《はっくつ》から7年後のことだ。首長竜の研究者が博物館にクリーニングをお願いしたのだ。

すると、これが首長竜ではなく、恐竜の骨《ほね》であることが判明《はんめい》する。

この際《さい》、博物館の担当者《たんとうしゃ》は、発掘者である化石収集家《しゅうしゅうか》に、こう連絡《れんらく》している。

「――もうすこし調べてみなければわかりませんが、もしかするとこれは大きなニュースになるかもしれませんよ。」

首長竜《くびながりゅう》の骨《ほね》であるはずが……

首長竜と思われていた化石は、クリーニングが進められるうちに、「どうもおかしい。」と異論《いろん》があがるようになっていた。骨の形状《けいじょう》が、首長竜のそれとは微妙《びみょう》に異《こと》なるというのがその理由だ。

たとえば、血道弓《けつどうきゅう》とよばれる部分。首長竜の血道弓は本来、椎骨《ついこつ》の下にハの字に広がってついている。

ところが、クリーニング後のその骨は、逆《ぎゃく》にV字形についていることがわかった。V字形の血道弓をもつ生物といえば、研究者にとって真っ先に思《おも》い浮《う》かぶのは恐竜だ。

「どうやら首長竜ではなく、恐竜の骨らしい。」

博物館の学芸員が、ぼくにメールを送ってきた。

そこに添付《てんぷ》されていた2つの骨の写真を見て、ぼくは思わず立ち上がった。

「これは……！　まちがいなく恐竜の骨《ほね》だ。北海道から恐竜の骨が出たんだ。」

ぼくはすぐに、直接《ちょくせつ》その骨を見せてほしいと返信をし、北海道むかわ町へ向かう準備《じゅんび》をはじめた。

すぐに現物《げんぶつ》を直接目にしたぼくは、その標本から3つの特徴《とくちょう》を見出《みいだ》した。

まず、それが成体の骨《ほね》であること。

次に、全長が7メートルほどの大きな恐竜の骨であること。

最後に、保存状態《ほぞんじょうたい》がとてもよいため、現地《げんち》にはまだまだほかの部分の骨がのこっ

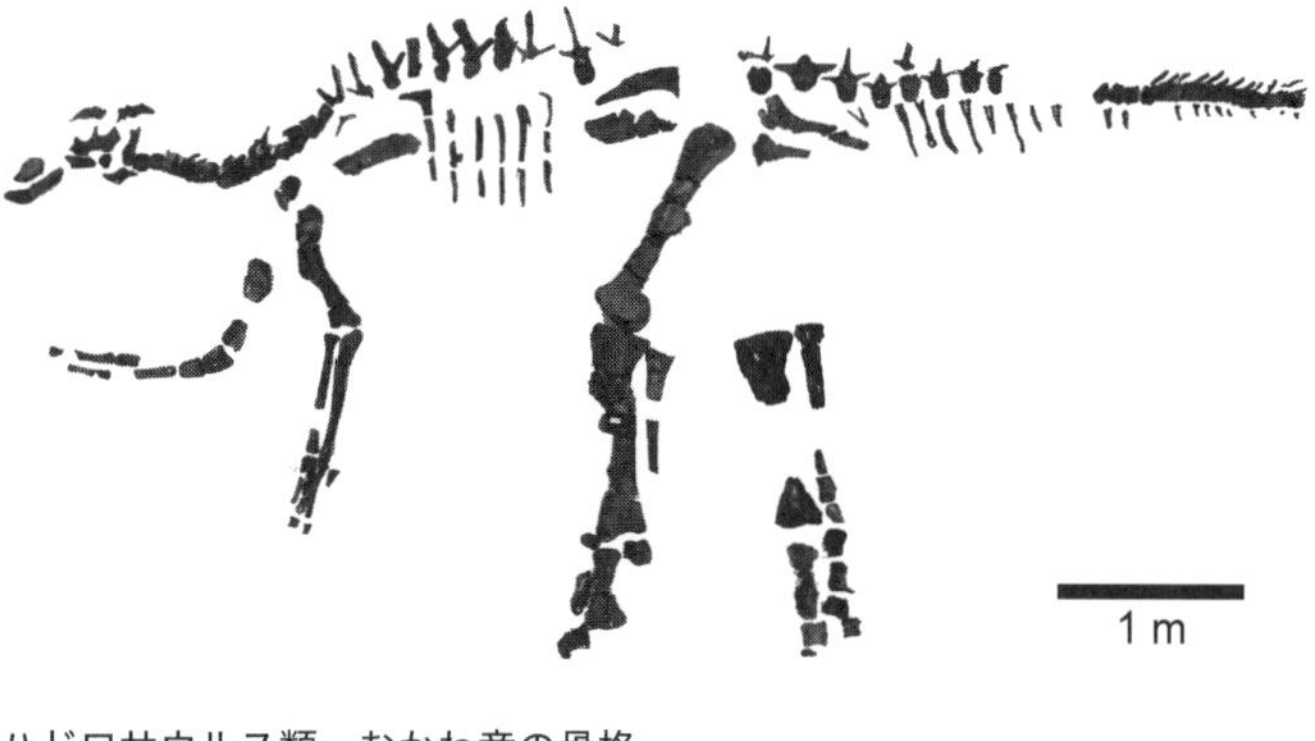

ハドロサウルス類、むかわ竜の骨格

ている可能性《かのうせい》があること。

そして、ぼくは最終的にこの骨《ほね》の正体を、ハドロサウルス科に属《ぞく》する植物食恐竜であると判断《はんだん》したのだった。

むかわ町で発掘調査《はっくつちょうさ》スタート

このハドロサウルス科と思われる恐竜の骨は、13個《こ》の尾椎骨《びついこつ》が連結した状態《じょうたい》で産出した、日本ではめずらしい標本だった。

これほどきれいな状態で骨がのこったことから、その周辺にはしっぽだけでなく、ほかの部位の骨が埋《う》まっている可能性《かのうせい》は高いだろう。

そこで2013年から2014年にかけて、北海道大学《ほっかいどうだいがく》の学生や地域《ちいき》のボランティア、むかわ町立穂別《ほべつ》博物館のチームで、発掘調査がおこなわれることになった。

しっぽの骨が見つかった地層《ちそう》は、垂直《すいちょく》に近い傾斜《けいしゃ》の激《はげ》しい場所だった。発掘になれないスタッフはかなりとまどっていたが、ツルハシやハンマーでどんどん掘《ほ》っていく。

すると、早い段階《だんかい》でおなじ恐竜のものと思われる骨《ほね》がいくつか見つかった。

「これは幸先《さいさき》がいいね。」

思わずスタッフのあいだに笑《え》みがこぼれる。

しかし、ほぼ垂直《すいちょく》の地層《ちそう》を、ハンマーで掘るのは限界《げんかい》がある。そこで重機や削岩機《さくがんき》を導入《どうにゅう》し、斜面《しゃめん》をさらに掘り進めていくことに。

そして化石が露出《ろしゅつ》したら、周囲の岩ごと石膏《せっこう》をしみこませた麻布《あさぬの》をかぶせて保護《ほご》する。石膏が乾《かわ》いたら、それを重機で運びだす。そのくりかえしだ。

すると、最初の発掘《はっくつ》では約1メートル20センチの右大腿骨《だいたいこつ》や後肢《こうし》、尾椎骨《びついこつ》がでた。大腿骨は、脊椎《せきつい》動物のなかでももっとも大きい骨《ほね》であり、これが出ると全体のサイズが推《すい》測《そく》しやすい。

「これはでかいぞ……！」

さらに2度目の発掘においては、ばらばらになった100本の歯や頭骨《とうこつ》の一部が発見できた。

次々に〝パーツ〟があらわれ、やがてそれが全長およそ8メートル、体重およそ7トンにおよぶ大きな恐竜の全身をうかびあがらせる。これが日本初の恐竜全身骨格《こっかく》発見の全容《ぜんよう》である。

このむかわ町での発見には、さまざまな価値《かち》がある。

たとえばここが、陸の地層《ちそう》ではなく海の地層であることもその一つ。それまで、たいていの恐竜化石は陸の地層から産出していたが、陸と海、両方の化石が産出する地域《ちいき》というのは、世界的に見てもいまのところあまり例がない。

この恐竜が沈《しず》んだ場所は水深が深く、波の影響《えいきょう》をあまりうけることなく埋没《まいぼつ》したのだろう。おかげで全身の骨格が散ることなく化石としてのこったわけだ。

こうした世界的な宝《たから》が、北海道《ほっかいどう》の小さな町からでてきたことは、さらに二次的な価値《かち》

をうむ。じっさい、いまでは「むかわ町」といえば恐竜の町と、ひろく知られている。

必ず「ある」と信じること

この、むかわ町のケースは非常《ひじょう》に特殊《とくしゅ》で、よほど保存状態《ほぞんじょうたい》にめぐまれないかぎり、化石は全身がセットで見つかることはまずない。

ごく一部のパーツだけが産出し、どんな恐竜のどこの骨《ほね》かわからないまま、長年放置されている化石だって少なくない。新たな情報《じょうほう》を得るためには、おなじ恐竜の別の骨を見つけだすしかないのだ。

しかし、ここまでに紹介《しょうかい》してきたエピソードからもわかるように、ぼくたちがもとめる化石は、そこに「ある」のか「ない」のかもわからない存在《そんざい》だ。

それでも「ある」ことを想定して、はるばる海を渡《わた》って調査《ちょうさ》に出向くものの、何時間、何日間と探《さが》し続《つづ》けて成果が得られないときは、弱気になることもある。

そんなとき、ぼくが必ず自分にいい聞かせているのは、「ない」と思いはじめたらきりがないということだ。

この地域《ちいき》には自分がもとめる骨《ほね》はもともと埋《う》まっていないのではないか。そう考えたところで、それを証明《しょうめい》することはできない。化石発掘《はっくつ》とはそもそも、見つからなくてもともとの世界なのだ。

そこでいかにポジティブな心をつくるかが、恐竜学者の大切な要素《ようそ》だとぼくは思っている。

どれだけ探《さが》し続《つづ》けても見つからないということは、のこったエリアに「ある」可能性《かのうせい》がどんどん高まっていることにひとしい。そう考えると、見つからなければ見つからないほど、「ない」エリアがどんどん減《へ》っていっているといえる。

こうした自己暗示《じこあんじ》は大切で、そう考えることによって、むしろ「ない」ことが喜びに変わることすらある。「発見なし」はけっして無駄足《むだあし》ではないのだ。

アラスカで恐竜絶滅《ぜつめつ》の謎《なぞ》に迫《せま》る！

もう一つ、アラスカでの発掘経験《はっくつけいけん》についても、紹介《しょうかい》しておきたい。未開拓《みかいたく》の地がたくさんのこっているアラスカも、恐竜の全容《ぜんよう》を知るうえで重要なエリアだ。

アラスカは最近まで、ほとんど恐竜研究がおこなわれてこなかったので、どんな恐竜の痕跡《こんせき》がのこっているのか、まだまだあきらかにされていない。

それでもぼくは、地形や地質《ちしつ》の条件《じょうけん》から、恐竜の秘密《ひみつ》に迫る材料がたくさん眠《ねむ》っていると確信《かくしん》していた。その秘密とは、恐竜絶滅の理由である。

恐竜はおよそ６６００万年前、地球に巨大《きょだい》な隕石《いんせき》が落ちたことが原因《げんいん》で滅《ほろ》んだとされている。隕石落下時に膨大《ぼうだい》な量の粉塵《ふんじん》が舞《ま》いあがり、それが日光をさえぎったことで長い冬が訪《おとず》れ、寒さに耐《た》えられず絶滅においこまれたというのだ。

つまり恐竜は、寒い地域《ちいき》では生きられないと考えられている。

しかし、もし寒冷地であるアラスカに恐竜が棲息《せいそく》していた痕跡《こんせき》が見つかれば、話はまったく変わってくる。恐竜が寒さに耐《た》え、冬を越《こ》す能力《のうりょく》をもっていたとすれば、隕《いん》石《せき》落下は恐竜絶滅《ぜつめつ》の理由にはならないからだ。

そこでぼくは２００７年、仲間の研究者とともに、アラスカ州にあるデナリ国立公園を調査《ちょうさ》することを決めた。

雄大《ゆうだい》な自然にかこまれたデナリ国立公園には、環境《かんきょう》を保護《ほご》するためにきびしい制限《せいげん》が設《もう》けられている。ぼくたちの調査も、例にもれず多くの条件《じょうけん》のもとで許可《きょか》された。

そのかぎられた時間のなかで、ぼくたちが目標に掲《かか》げた一つが、恐竜の子どもの化石を見つけることだった。

アラスカでもこれまで、恐竜の骨《ほね》や足跡《あしあと》の化石は見つかっている。

しかしこれは、そこで恐竜が暮《く》らしていたのではなく、当時は地続きだった北アメリカ大陸とユーラシア大陸のあいだを恐竜たちが行き来する通り道であったため、というのが一つの考えになっている。

そのためアラスカの付近では、遠くへ移動《いどう》できる大人の恐竜の足跡《あしあと》は見つかっているが、足の遅《おそ》い子どもの足跡は見つかっていない。

では、もしもそこに子どもの恐竜の痕跡《こんせき》が発見されたらどうなるか？

アラスカは通り道ではなく、棲息地《せいそくち》であった可能性《かのうせい》が浮上《ふじょう》する。

そして寒さに強い恐竜がいたとなれば、隕石《いんせき》落下による気候変動ですべての恐竜が絶滅《ぜつめつ》したという説も、一気にくつがえるかもしれない。

骨《ほね》でも足跡でもなんでもいい。もし子どもの恐竜の痕跡が発見され、越冬《えっとう》したという証拠《しょうこ》になれば、まさしく世紀の大発見になりうるのだ。

アラスカでの調査《ちょうさ》は危険《きけん》がいっぱい！

ところで、こうした化石発掘《はっくつ》はときに、さまざまな危険がつきものだ。

傾斜《けいしゃ》のある岩場を調査する場合などは、単に転んだり足を滑《すべ》らせたりする危険があるが、アラスカではそもそも、発掘現場《はっくつげんば》に向かうまでのあいだに、深刻《しんこく》な身の危険《きけん》にさらされる。

アラスカでは発掘ポイントまでの移動手段《いどうしゅだん》がないため、毎回ヘリコプターをチャーターすることになる。ところがこの際《さい》、地形的に気流が激《はげ》しく、たいてい強い風がふいているので機体が大きくゆれるのだ。

時には扇風機《せんぷうき》の前に飛ばしたピンポン球のようにグラグラとゆれまくり、操縦士《そうじゅうし》に「いま落ちなかったのは奇跡《きせき》だよ。」といわれたが、こんなことはよくあることだ。

本当に毎回、生きた心地《ここち》がしないのだが、それでも発掘調査《ちょうさ》を続けるためにはやむを得ない。最後はいつも、「落ちたら落ちたでしかたがない。」と、腹《はら》をくってヘリコプターに乗《の》り込《こ》んでいる。

そして、いざ発掘調査がスタートすると、今度は別の危険と隣《とな》り合《あ》わせになる。アラスカにはグリズリーが棲息《せいそく》しているのだ。

グリズリーは日本のヒグマの近縁種《きんえんしゅ》。大きなものでは500キロ近くにもなり、北米では生態系《せいたいけい》の頂点《ちょうてん》とされる凶暴《きょうぼう》な動物だ。

そのため北米で発掘調査《はっくつちょうさ》をおこなう際《さい》には、念のため熊《くま》よけスプレーを欠かさないようにしている。しかし、こうしたスプレーを体に吹《ふ》き付《つ》けたところで、正直、どこまで効果《こうか》があるのかはわからない。

現地《げんち》の人のアドバイスによれば、熊はとにかく遭遇《そうぐう》しないことに全力をつくすのがいちばんだという。なるべく周囲に目をくばり、向こうより先に存在《そんざい》を目で確認《かくにん》し、すみやかにその場を離《はな》れるしかない。

凶暴なグリズリーと遭遇

それでも、気がつけばもう目の前に熊がいる、という状況《じょうきょう》がないわけではない。ぼく自身、これまでに何度も熊との遭遇を経験《けいけん》している。

もっとも近い距離《きょり》ではほんの2～3メートル先に熊《くま》がいたこともあるし、最大では7頭の熊に出会ったこともある。

いずれも幸いにして何事もなくたちさってくれたのは、熊もまた、人間の存在《そんざい》をおそれているからなのだろう。そこで北米で調査《ちょうさ》する際《さい》には、ほかの研究者となるべく大きな声でおしゃべりをしながら歩くようにしている。人の声を耳にした熊は、しずかにその場を離《はな》れていってくれるはずだ。

もっとも、それも熊の気分次第《しだい》。

人間がもってきた食料のにおいをかぎつけて、腹《はら》をすかせた熊が寄《よ》ってきてしまうこともある。これは非常《ひじょう》に危険《きけん》な状況《じょうきょう》だ。

そのため北米でテントを張《は》る際には、食料を置く場所と調理をするところ、そして寝《ね》床《どこ》となるテントを、それぞれ100メートル間隔《かんかく》で三角形のかたちに設置《せっち》するのがルールとされている。食料を置く場所を風下にして距離をとっておけば、熊がそこへ近《ちか》寄《よ》ってきても、そのあいだに逃《に》げられるからだ。

それでも熊《くま》と正面から対峙《たいじ》した際《さい》には、けっして背中《せなか》を向けてはいけない。かといって、目を合わせてもいけない。目線を微妙《びみょう》にずらしながら顔を向け、背中を見せずにすこしずつ後ずさりして距離《きょり》をとる。それが鉄則《てっそく》だ。

どれほど歴史的な発見を手にしても、それを無事にもち帰ることができなければ意

味がない。いつかまた、熊と遭遇《そうぐう》したときにそなえて、こうしたセオリーをよく肝《きも》に銘《めい》じておかなければならないだろう。

なお、ついでに補足《ほそく》しておくと、グリズリーの棲息《せいそく》していない、モンゴルなどの発掘《はっくつ》調査《ちょうさ》にも危険《きけん》はつきものだ。熊《くま》はいなくても、毒蛇《どくへび》やサソリ、ダニなどが多いからだ。

サソリは刺《さ》されてもすこし腫《は》れるていどなのであまり問題ないが、ダニは数が多いので厄介《やっかい》だ。場所によっては、スイカの種くらいの大きさのダニがいっせいに集まってくることがある。そうなると無傷《むきず》ではすまない。

なかにはウイルスや菌《きん》をもっているやつもいて、かなり危険な感染症《かんせんしょう》にかかるというから恐《おそ》ろしい。

ちなみにダニは草のかげにひそんでいるか、ラクダの糞《ふん》にたかっていることが多い。そうしたダニの棲息条件《じょうけん》を満たした場所では、ことさらに用心しなければならない。

ある日本人研究者などは、モンゴルでは何事もなかったものの、日本へ帰ってからバッグのなかにまぎれこんでいたダニに刺されたというエピソードもある。どうやら夜眠《ねむ》るとき、テントのトビラをしっかり閉《し》めていなかったのが原因《げんいん》らしい。

また、場所によっては蚊《か》やハエも厄介《やっかい》な存在《そんざい》だ。

アラスカでは、蚊。とくに蚊は大群《たいぐん》で寄《よ》ってくるため、防《ふせ》ぎようのない被害《ひがい》がある。すこしでも露出《ろしゅつ》した肌《はだ》を見つけると、そこへ向けていっせいに襲《おそ》いかかってくる。トイレで用を足すときなど、どうしても服を下ろさなければならないから、どうにも我慢《がまん》できないときには困《こま》ってしまう。

モンゴルでは、ハエ。ハエは、産卵《さんらん》の時期にあたると、人間の目に向かって卵《たまご》を飛ばしてくることがある。ぼく自身は経験《けいけん》がないが、目のなかからウジがわくのは、おぞましい地獄《じごく》絵図だ。ぼくらが発掘《はっくつ》の際《さい》にサングラスをかけているのは、陽射《ひざ》しをさえぎることのほかに、こうしたハエ対策《たいさく》の狙《ねら》いがあるのだ。

あえて人が目をつけない場所を掘《ほ》る

さて、化石の発掘《はっくつ》というのは本来、過去《かこ》になにかが発見された場所を、何度もくりかえし掘《ほ》るのがセオリーだ。

しかしぼくは、アラスカではあえて、それまでだれも調査《ちょうさ》したことのないエリアにポイントをしぼることにした。

うまく狙《ねら》いがあたれば、未知の化石がでてくる可能性《かのうせい》がある。逆《ぎゃく》にはずれれば、せっかくの2日間が徒労に終わるリスクもある。これは大きな賭《か》けだった。

あたりまえのことだが、発掘はすこしでも化石が出そうなところで重点的におこなわれる。そのため、かぎられたエリアに人が集中し、結果として見つかる化石も似《に》たようなものが多くなる。

それなら逆に、だれも見向きもしないポイントを調べてみたほうが、それまでにない大発見につながる可能性が高いのではないか。ぼくはそう考えていた。

ある年、デナリ国立公園内の立ち入り禁止区域《きんしくいき》のはるか先へ、まだ足を踏《ふ》み入《い》れたことのない地域《ちいき》をめがけてぼくたちは何時間もかけて歩いた。ぼくたちは、この地域からまだ発見されていない新しい恐竜の足跡《あしあと》を探《さが》していた。途中《とちゅう》には、足跡がいくつか見られたが、それらはこれまで発見したタイプの足跡だったため、手をつけずに先へ行く。

そうしてたどりついたのが、むき出しになった地層《ちそう》だ。

ぼくたちはここを、くまなく調査《ちょうさ》し

アラスカで地形を見る筆者

たが、結果からいえば目的だった未知の足跡を発見することはできなかった。

ハドロサウルス科や角竜類《つのりゅうるい》の恐竜の足跡《あしあと》化石はいくつも見られたが、ぼくたちがもとめている未知の恐竜の痕跡《こんせき》は見つけられなかった。

恐竜の常識《じょうしき》が一変する大発見をもとめてアラスカへ渡《わた》ったのだから、この結果に落《らく》胆《たん》しなかったわけではない。

しかしその一方で、成果がないと確認《かくにん》できたことにも意味がある。

なにしろそれまで手付かずだった場所なのだ。少なくとも、ぼくらがこの時調査《ちょうさ》した範囲《はんい》に、未知の恐竜の痕跡は見られないことが確定《かくてい》した。これはわずかな前進だ。

この調査で発見のないエリアがわかったことで、次はまた別のエリアを調査することができる。

こうして目の前の一歩をきちんと進むことが、恐竜調査においては大切だ。

ファルコンズ・アイ

こうしてさまざまな国際調査《こくさいちょうさ》をとおして、恐竜学者とともにフィールドワークをおこなううちに、ぼくはいくつかのニックネームでよばれるようになった。その一つが「ファルコンズ・アイ」だ。

直訳《ちょくやく》すればハヤブサの目。つまり、大空を飛ぶ猛禽類《もうきんるい》のように、鋭《するど》い目で化石を見《み》逃《のが》さないという意味だ。

たしかにぼくは、ほかの学者と比《くら》べて、よく化石を見つけるほうだと思う。

それにはいくつかの明確《めいかく》な理由がある。

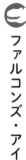

たとえば、小柄《こがら》な日本人であるぼくは、背《せ》の高い欧米人《おうべいじん》の学者と比べ、視点《してん》が地面に近いのもその一つだろう。とくに小さな歯や爪《つめ》の化石などを見つけるときには、背が低いほうが有利であるはず。

また、他人とおなじ場所を探《さが》さずに、これまで人の歩いた形跡《けいせき》のないところばかりを調査《ちょうさ》しているのもその一つ。

人間はだれしも、無意識《むいしき》に楽な道をえらびたがるもの。これは身を守ろうとする本能《ほんのう》によるものだ。だからこそあえて、歩きにくくて険《けわ》しい場所を行くことで、ほかの人には見つけられないものに出会える確率《かくりつ》は上がる。

キャンプを出て、半日かけて歩いた先からもどる際《さい》も、おなじ道をたどって帰るより、遠回りであってもちがうルートを歩いて帰ってくれば、化石発見のチャンスは広がる。

そんな姿《すがた》を見て、ある研究者はぼくを、「ウォークマン」とよんだ。これはポータブルオーディオプレイヤーのことではなく、よく歩く人という意味だ。

正直なところ、「これでは学者というより、探険家《たんけんか》じゃないか」と思うこともある。しかし、そうした運動量こそが、自分にとっての生命線であることもよく理解《りかい》している。

だから、発掘調査《はっくつちょうさ》のない時期でも、体力づくりは欠かせない。

以前、ややオーバーウェイトぎみの状態《じょうたい》で調査を続けていたときには、転んで肋骨《ろっこつ》を折ってしまったり、十字靱帯《じんたい》を痛《いた》めたりと、ケガが多発した。

体を軽くたもち、体力をつけるために、最近はひまを見つけては水泳トレーニングに精《せい》を出している。

学者になってからこうして体力づくりに励《はげ》まなければならないなんて、学生のころは夢《ゆめ》にも思っていなかったが、これも発掘調査が楽しくてたまらないからだ。

いくつになってもみずから発掘に出かけ、だれよりも多くの化石を見つけられる「ファルコンズ・アイ」でいるために、まだまだやらなければならないことは山積みなのだ。

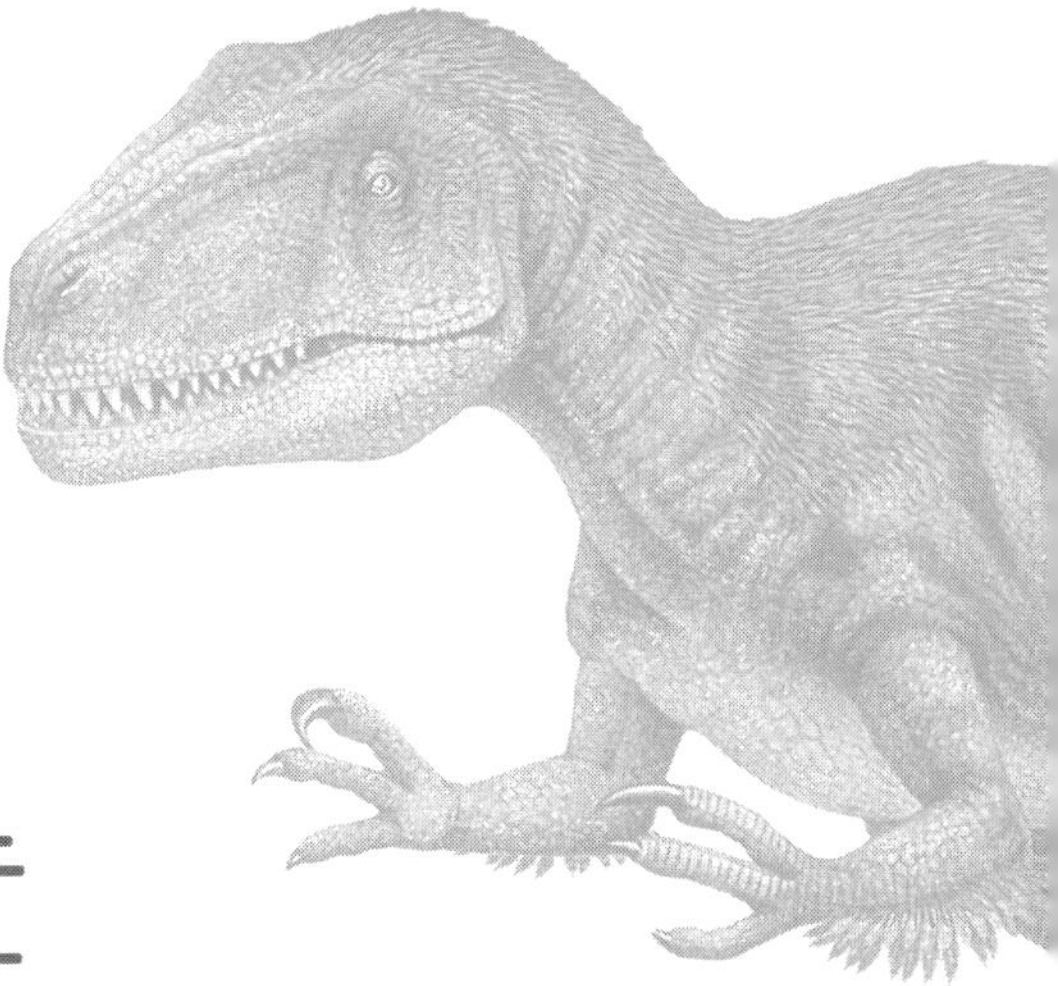

第五章

さらに広がる恐竜ワールド

恐竜の時代は終わっていない?

ひと昔前まで恐竜は、大きくてのろまな生物と思われていた。のろまでにぶいから、環境《かんきょう》の変化に適応《てきおう》できず絶滅《ぜつめつ》してしまった。そう考える人もいた。みなさんのなかにも、そんなイメージをもっている人は少なくないのではないだろうか。

ところが研究が進むにつれて、それがまったく誤《あやま》ったイメージであることが判明《はんめい》する。ぼく自身、子どものころにもっていたイメージとのギャップに、おどろかされることが多い。

恐竜はむしろ、長い地球の歴史において、とびきり優秀《ゆうしゅう》な生命体だ。恐竜は現代《げんだい》の生物に引けをとらないくらい、さまざまな可能性《かのうせい》を秘《ひ》めた高等動物なのだ。

暖《あたた》かいところから寒いところまで、いろんな場所で生活することができ、なかには真《ま》っ暗闇《くらやみ》のなかで活動していた種が存在《そんざい》した可能性も指摘《してき》されている。

また、繁栄《はんえい》した歴史も、断《だん》トツに長い。恐竜が地球上にあらわれたのはおよそ2億3

000万年前で、絶滅《ぜつめつ》したのが6600万年前。つまり、1億7000万年もの長きにわたり、恐竜は地球上を支配《しはい》していたことになる。

これは数百万年とされる人類の歴史を、はるかに上回っている。

はたして人類がこの先、恐竜とおなじように1億年以上も繁栄《はんえい》していられるだろうか？　答えはだれにもわからないが、否定的《ひていてき》な意見のほうが多いだろう。しかし、恐竜はじっさいにそれをやってのけた種なのだ。

この長い年月のあいだには、環境《かんきょう》変動や気候変動が何度もおこったにちがいない。それでも恐竜は、衰退《すいたい》や進化をくりかえしながら生《い》き抜《ぬ》いてきた。その事実だけでも、恐竜がいかに優《すぐ》れているかがわかるはずだ。

日進月歩で研究が進められているとはいえ、恐竜についてはまだまだわからないことだらけだ。

たとえば、ちょっと前までは、6600万年前に恐竜の時代が終わった次に哺《ほ》乳類《にゅうるい》の時代がやってきたと、よくいわれていた。しかし、これはまちがっている。なぜなら、恐竜の時代はまだ終わっていないからだ。

およそ2億3000万年前、最初に地球上にあらわれた恐竜は、小さな二足《にそく》歩行の生物だった。これが長い年月をかけて進化し、多様化したものが、いまぼくたちが知る恐竜である。

史上最強の肉食動物といわれるティラノサウルス。

背中《せなか》に大きなプレートをもつステゴサウ

ルス。

全長35メートル、体重70トンにもおよぶ巨大《きょだい》恐竜アルゼンチノサウルス。

これらがすべて、6600万年前に地球上から姿《すがた》を消したのは事実だ。しかしその一方で、現代《げんだい》もまだ生《い》き延《の》びている種がある。それは空を飛ぶ鳥たちだ。

今日までの研究により、鳥類が恐竜の子孫であると判明《はんめい》して久《ひさ》しい。

巨大隕石《いんせき》の落下によって多くの恐竜が絶滅《ぜつめつ》していくなかで、一部の恐竜は空に生活《せいかつ》圏《けん》をうつし、鳥類に進化をとげることで大

量絶滅《ぜつめつ》を乗りきったわけだ。

鳥類は現在《げんざい》、世界におよそ1万種も存在《そんざい》している。これは人間をふくめた哺《ほ》乳類《にゅうるい》の倍以上に相当する。つまり、2億3000万年前にスタートした恐竜の繁栄《はんえい》は、いまもまだ続いていることになる。

だから、鳥類をさらにくわしく知ることで、新たな恐竜の秘密《ひみつ》が見つかることもきっとあるだろう。これはぼく自身、これから力をいれていきたい研究テーマでもある。

恐竜学者になるためにやっておくべきこと

「将来《しょうらい》、恐竜学者になりたいのですが、なにを勉強しておけばいいですか?」

そんな質問《しつもん》をされることがよくある。おそらく本書を手にしている人のなかにも、恐竜学者を目指している人は少なくないだろう。

ここまでのべてきたように、恐竜を研究することは地球の過去《かこ》や人類の未来を知ることてもあるから、多くの人がこの分野に興味《きょうみ》をもってくれるのは、ぼくにとってうれしいことだ。

学者になるためには、大学院を出て博士号を取得する必要がある。問題は、その年齢《ねんれい》になるまでになにを学んでおくべきか、だろう。

そこでぼくがいつもいっているのは、「理科でも算数でも社会でも、なんでも役に立つから学んでおこう。」ということ。

恐竜や古生物の研究は総合《そうごう》科学で、ありとあらゆる科目の要素《ようそ》が関係してくる。たとえば、化石を計測《けいそく》して数値《すうち》を分析《ぶんせき》する際《さい》には算数や数学の知識《ちしき》が必要になるし、発掘調査《はっくつちょうさ》でいろんな地方へ行く際には、社会で勉強したことが生きてくる。一見、無《む》縁《えん》にも思える音楽ですら、海外の研究者とコミュニケーションをとるうえで役立っているのだから、すべての科目が糧《かて》になるというのは、けっして大げさではないのだ。

だから、恐竜学者を目指している人には、いま目の前にある科目を、なんでも楽しんで挑戦《ちょうせん》してほしい。

得意じゃなくてもいい。だれにでも苦手分野はあってあたりまえであるし、それが恐竜学者になる道をはばむことはない。

それよりも大切なのは、どんなことに対しても、そこにおもしろさを見つけられるかどうかだ。

本当にあるかどうかもわからない化石をもとめて、何日も山のなかを歩く恐竜学者には、根気と好奇心《こうきしん》が必要になる。その地道な作業をやりとげるには、なんでも前向きに挑戦《ちょうせん》できる姿勢《しせい》が欠かせない。

また、発掘調査《はっくつちょうさ》にはチームワークが不可欠《ふかけつ》。そのため勉強だけでなく、友達をたくさんつくって遊ぶことも大切だ。スポーツだって、体力を養っておけばフィールドワークの際《さい》にものをいうのはまちがいないだろう。

恐竜学者になるにはいい大学へ行くべき?

中学生、高校生になるとそろそろ、その後の大学進学についても考えるようになるだろう。しかし、どの大学へ進むかというのは、あまり重要ではないとぼくは思う。

もちろん、勉強はできるに越《こ》したことはないし、いい大学へ進むことはまちがいなくプラスになるはずだ。

しかし、恐竜を研究したいという強い熱意さえあれば、どんな環境《かんきょう》にいても必ず道はひらける。

じっさい、一度は古生物とは無関係の大学に進みながら、北海道大学《ほっかいどうだいがく》に編入《へんにゅう》し、ぼくのもとでいっしょに研究している学生もいる。目指す大学に合格《ごうかく》できなかったからといって、恐竜学者になる夢《ゆめ》をあきらめる必要はない。

ただし、マニアと研究者はちがう。

どれほど恐竜が好きで、どんなにたくさんの学名を暗記していても、研究者として結果を出せるとはかぎらない。これが恐竜学者のむずかしいところだ。先に紹介《しょうかい》した「勉強」と「研究」のちがいとおなじといえる。

優《すぐ》れた研究者になるためには、つねに自分ならではのテーマをもっておくことが大切だとぼくは考えている。

たとえばぼくの場合は、恐竜の進化がそれにあたる。ただし、進化を考えるうえで、「時間」と「空間」という二つの視点《してん》をもつことを心がけている。

恐竜が長い年月をかけて多様化していく様子は、「時間」で見た進化だ。それに対し、アジアで繁栄《はんえい》した恐竜と、北極圏《ほっきょくけん》で繁栄した恐竜のちがいからアプローチするのが、「空間」で見た進化である。

これらはいずれも、純粋《じゅんすい》に「知りたい」という欲求《よっきゅう》からたどりついたテーマだ。

研究において好奇心《こうきしん》にまさるエネルギーはない。それがあるから、長距離移動《ちょうきょりいどう》も不便なキャンプ生活も苦にならないのだ。

恐竜学者になりたい人には、いまのうちからいろんな体験をとおして、自分の好奇心《こうきしん》をめいっぱい育んでほしい。その途中《とちゅう》できっと、自分ならではの恐竜研究に対するアプローチが見つかるはずだ。

「研究」の本当のおもしろさとは

中学生のころに初めてアンモナイトの化石を発掘《はっくつ》して以来、ぼくがいまもこうして楽しみながら発掘調査《ちょうさ》にとりくむことができるのは、大学院時代に師事《しじ》したジェイコブス教授《きょうじゅ》の影響《えいきょう》が大きい。

ジェイコブス教授はよく、ぼくたちに次のようなことを語ってくれた。

「研究の本当のおもしろさとは、自分が有名になることではなく、いかに科学に貢献《こうけん》できるかにある。」

本当の意味で大切なのは、その研究をだれがおこなったかではなく、どういう研究がされたか、なのだと。

これはジェイコブス教授《きょうじゅ》ならではの美学で、名声をもとめるよりも、これからの科学に役立つ成果をあげることにこだわる人だった。

ぼくが哺乳類《ほにゅうるい》に関するある論文《ろんぶん》を発表したときのことだ。複数《ふくすう》のメンバーによっておこなわれた研究は、論文にまとめる際《さい》、そのなかでいちばん研究に貢献《こうけん》した人の名前を先頭に書くのがルールとされている。

ぼくは、ジェイコブス教授の名前を筆頭にした。たしかに執筆《しっぴつ》したのはぼくかもしれないが、それまでの苦労はジェイコブス先生だと感じていたためだ。ところが、ジェイコブス教授のチェックを通過《つうか》してもどってきた論文は、先頭に記していたはずの教授の名が、ぼくの後ろに変更《へんこう》されていた。

ぼくとしては、ジェイコブス教授の名前をいちばんに書くべきだという思いがあったが、ジェイコブス教授は「これはおまえがやった研究なのだから、自分の名前を最初に書きなさい。」といってゆずらない。

ジェイコブス教授にとっては、だれがトップであるか、それがだれの手柄《てがら》になるかは関係ないのだ。

それよりも、メンバーが最後まで楽しくその研究にあたり、そのうえで世に出すべき成果を得たことが重要なのだ。ジェイコブス教授は名声に固執《こしゅう》する研究者が多いなかで、かなり異色《いしょく》の存在《そんざい》といえる。

実績《じっせき》よりも楽しく成果を出すことを重視《じゅうし》する。そんなチームだから、人間関係でギスギスすることもなく、チームの雰囲気《ふんいき》はいつでも良好だった。

おかげでぼくも、つねに前向きな気持ちで研究や調査《ちょうさ》にあたることができた。

きっと、ぼくがいろんな研究者から「いっしょにやらないか。」と誘《さそ》ってもらえるのは、そうしたジェイコブス教授《きょうじゅ》のスタンスが自分のなかに根付いているからだろう。

結果的にそれが調査《ちょうさ》の機会をふやし、今日までのさまざまな発見につながっている。教授にはいまも、感謝《かんしゃ》の気持ちでいっぱいだ。

恐竜が優秀《ゆうしゅう》な生物である理由

発掘《はっくつ》調査の途中《とちゅう》、たまに手を休めて休憩《きゅうけい》をとりながら、考えることがある。恐竜はなぜ、これほどおもしろくて魅力的《みりょくてき》なのだろうかと。

恐竜の最大の魅力は、本当に存在《そんざい》していたことにつきるとぼくは思う。あれほど巨大《きょだい》で、謎《なぞ》にみちていて、奇妙《きみょう》なかたちをしている生物が、6600万年前までぼくらが暮《く》らしているこの地球上をじっさいに闊歩《かっぽ》していたのだ。想像《そうぞう》してみるだけで、じつに胸《むね》がおどる光景だ。

それらは映画《えいが》やアニメの世界でつくりだされた怪獣《かいじゅう》とはわけがちがう。自然のなかで時間をかけて進化してきたフォルムは、生物学的にとても洗練《せんれん》されている。大きなツノや背《せ》びれ、くちばしなど、どれだけ奇妙《きみょう》なかたちをしていても、そのすべてに意味と役割《やくわり》がある。

たとえば有名なステゴサウルスの背中には、何枚《なんまい》もの大きな板状《いたじょう》の骨《ほね》がある。これは現代《げんだい》の生物には見られない独特《どくとく》な形状《けいじょう》だが、もちろんただの飾《かざ》りではない。

もともとは武器《ぶき》としてつかっていたという説や、逆《ぎゃく》にほかの恐竜からの攻撃《こうげき》を防《ふせ》ぐためにつかわれたという説が有力視《ゆうりょくし》されていたが、近年の研究により、これが放熱のために用いられたとの説が登場した。

大きな体の体温調節をするために、こうした何枚もの背板《せいた》が必要だったというのは、たしかに理にかなっている。これもまた、恐竜が環境《かんきょう》に適応《てきおう》しながら生き延《いの》びてきた証《あかし》の一つだ。今後、さらなるサンプルが見つかれば、もっとくわしいことが判明《はんめい》するだろう。

こうして北極圏《ほっきょくけん》や南極をはじめとするきびしい環境《かんきょう》に適応《てきおう》してきた恐竜は、いまの生物ができなかった進化をとげた存在《そんざい》といえる。きっと、あれほど巨大化《きょだいか》したのも、当時の環境に適応するために必要な進化だったのだろう。

また、もともと陸上で生活していた生物でありながら、鳥類に進化して空に飛びたったのも興味深《きょうみぶか》い点だ。種としてまるごと陸から空へうつった例は、おそらく恐竜だけではないか。

陸だけでなく空で暮《く》らすことにまでチャレンジし、そして適応した恐竜たちを見ていると、生物はまだまだいろんな可能性《かのうせい》を秘《ひ》めているのではないかと考えさせられる。

いま図鑑《ずかん》に載《の》っている生物だけがすべてではない。今日までの進化の過程《かてい》には、知られざる生物がまだまだたくさん存在する。

恐竜を学ぶことで、ぼくたちはさらなる生物の可能性に気づかされるにちがいない。

恐竜を滅《ほろ》ぼした「大量絶滅《ぜつめつ》」

それほど優秀《ゆうしゅう》な生物が、たかだか直径10キロていどの隕石《いんせき》によって滅ぼされたという説に、異論《いろん》や反論があるのは当然だろう。1億7000万年のあいだには、もっと過《か》酷《こく》な状況《じょうきょう》だってあったはずだ。

一方で、6600万年前に地球を直撃《ちょくげき》した隕石は、ぼくたちの想像《そうぞう》がおよばない、とてつもない被害《ひがい》をもたらしたことがわかっている。

舞《ま》いあがった粉塵《ふんじん》が太陽の光をさえぎり、地球上には突然《とつぜん》、長い冬が訪《おとず》れた。日光があたらず、気温が低下したことから植物が育たなくなり、多くの生物が食料を奪《うば》われた。

そのため生態系《せいたいけい》がくずれ、食物連鎖《れんさ》が絶《た》たれたことも、恐竜絶滅の理由の一つとして有力な説だ。

ある学者によると、いまから35億年前に初めて地球上に生命が生まれて以来、現代《げんだい》までに5回の「大量絶滅《ぜつめつ》」があったという。

そのうち、いちばん新しい大量絶滅が6600万年前で、地球上の75パーセントの生物が滅《ほろ》んだとされる。恐竜もその一部で、地球がいかに壊滅的《かいめつてき》な被害《ひがい》をこうむったのかがわかる。

なお、過去《かこ》5回の大量絶滅のうち、もっとも被害が大きかったのは2億5000万年前だ。このときには地球上のおよそ90パーセントの生物が滅亡《めつぼう》したとされているから、ほとんどの生物がこの世から消えてしまったことになる。

こうして何度も大量絶滅をくりかえしてきた地球だが、それぞれの大量絶滅が、どのくらいのスピードで生物を絶滅させたのかを試算した研究者がいる。

それによると、もっとも速く生物が絶滅しているのは、じつは2億5000万年前でも6600万年前でもない。なんと、現代《げんだい》なのだ。

恐竜絶滅《ぜつめつ》の謎《なぞ》を解《と》くことが人類を救う!?

恐竜ほどの優《すぐ》れた生物が、地球上から一掃《いっそう》された6600万年前の大量絶滅よりも速いスピードで、いままさに生物が滅《ほろ》んでいる。

これが事実なら、なんとも恐《おそ》ろしいデータだ。つまり現在《げんざい》は、大量絶滅の真っ最中ということになる。

じっさいのところ、6600万年前に落ちた隕石《いんせき》がどのように恐竜絶滅に関係しているのかは、まだわかっていない。

ただ状況証拠《じょうきょうしょうこ》として、メキシコ東部に隕石が落ちた痕跡《こんせき》があり、その時期と恐竜がいなくなった時期が一致《いっち》しているという事実があるのみだ。恐竜絶滅との本当の関係を解《と》き明《あ》かすのはむずかしい。

しかし、日光がさえぎられたり、津波《つなみ》がおきたり、火山が噴火《ふんか》したり、巨大隕石《きょだいいんせき》の落下によって地球になにがおきたのかをシミュレーションすることはできる。

では、隕石が落ちてきたわけでも、天変地異《てんぺんちい》がおこったわけでもないのに、いま史上6回目の大量絶滅《ぜつめつ》がおこっているかもしれないと指摘《してき》される理由はなんだろう。

現在《げんざい》の大量絶滅の原因《げんいん》は、自然現象《げんしょう》ではない。これについては明確《めいかく》な答えがある。

いま絶滅をもたらしている〝犯人《はんにん》〟は、人間そのものだ。

地球上には現在、およそ72億の人間がいる。

日本だけを見れば、少子高齢化《こうれいか》が進み、これから人口は減《へ》っていく一方とされているが、地球規模《きぼ》で見れば人口はどんどん増《ふ》えている。

すでに地球の大きさと比《くら》べて、人間は増えすぎているといわれている。現在の人口が自然と共存《きょうそん》しながら暮《く》らすためには、地球がさらにもう1～2個《こ》必要だととなえる学者もいるほどだ。

では、人間が増《ふ》えすぎるとなにがおこるか。

狭《せま》い家にむりやり大人数をおしこむと部屋がいたむのと同様に、地球にはいま、大きな負荷《ふか》がかかっている。環境《かんきょう》破壊《はかい》や温暖化《おんだんか》はその表れの一つだ。食糧難《しょくりょうなん》だってより深刻化《しんこくか》していくだろう。

かつて、恐竜はのろまだから滅《ほろ》んだなどと考えていた人間が、自らの存在《そんざい》によって地球をむしばんでいる。これはなんとも皮肉な状況《じょうきょう》といえる。

人間が優秀《ゆうしゅう》な生き物であるのはまちがいない。だからこそ文明を進化させ、医療技《いりょうぎ》術《じゅつ》を発展《はってん》させることで、自分たちの寿命《じゅみょう》をのばして繁栄《はんえい》してきた。

もともと生物としての人間の寿命は30年ていどといわれる。ところが、現在《げんざい》の日本人の平均《へいきん》寿命は、男女ともに80歳《さい》を超《こ》えている。これは人間がもつ力によるものだが、それがどうやら裏目《うらめ》に出ているらしい。

人間はこのまま恐竜のように繁栄期を終え、やがて衰退《すいたい》してしまうのだろうか――？

しかし、人間と恐竜には大きなちがいがある。それは知恵《ちえ》と伝える力をもっていることだ。

一人ひとりの人間が未来について真剣《しんけん》に考え、すこしでも長くこの世界を守る方法をさぐれば、少なくとも絶滅《ぜつめつ》へのスピードをゆるめることは可能《かのう》なはず。それは知恵をもたない恐竜にはできなかったことだ。

だからこそ、恐竜がどのように生きて、どのように滅《ほろ》んだのかを知ることには意味がある。もしそこに、ぼくたちがまだ知らない要因《よういん》があるのなら、それを知り、対策《たいさく》を打つことは人類の未来にとってプラスになる。

長い歴史と向きあう恐竜研究は、そんな一面ももっているのだ。

化石をとおしてふれる長い時間

現在《げんざい》、過去《かこ》にないスピードで生物の絶滅《ぜつめつ》が進んでいるといわれても、なかなか実感できるものではないだろう。昨日と今日で、ぼくらのまわりの環境《かんきょう》が大きく変わることも、周囲から生物が突然《とつぜん》消えることもないからだ。

6600万年前の大量絶滅にしても、一瞬《いっしゅん》にしておきたわけではないだろう。これについては学者のあいだでも議論《ぎろん》されているが、隕石《いんせき》が落ちたその日に多くの生物が滅《ほろ》んだのではなく、メキシコからはじまった絶滅の波が、長い時間をかけて地球を一周したと考えるのが自然だ。

もし、核《かく》戦争のように一瞬ですべての恐竜が滅んだのであれば、おなじ時代の地層《ちそう》に化石は集中していなければならない。しかし、そうした事実はないのだ。恐竜絶滅は数十年、数百年という単位で進行していったと考えられる。

この数百年という時間の流れは、歴史の教科書で学ぶことはあっても、ぼくたちの生活に直接影響《ちょくせつえいきょう》するスピードではないから、ピンとこない人が多いのではないだろうか。ひいおばあちゃんの時代までさかのぼったとしても、せいぜい100年ていどなのだ。ところが、化石をとおしてふれる時間というのは、数千万年、あるいは数億年という長い長い歴史である。

歴史で学ぶ人物の多くは数百年前の存在《そんざい》だが、ぼくたち恐竜学者が「これはわりと最近の化石ですよ。」ともちだす標本は、数千万年前のものがざら。これが化石のおもしろいところだ。

そうした長い時間軸《じかんじく》で見ると、種《しゅ》にも寿命《じゅみょう》が存在することがわかる。人間に必ず寿命があるように、種もまた必ず絶滅を迎《むか》える。

その意味では、1億7000万年も繁栄《はんえい》した恐竜は、むしろ異常《いじょう》なほど長寿《ちょうじゅ》な種だ。本当は、「なぜ滅《ほろ》んだのか」ではなく、「なぜこれほど生きられたのか」を考えるべきかもしれない。

人間もまた同様だ。どうすれば恐竜のように長く生きられるのかを、一人ひとりが考えなければいけない。

なにもノーベル賞クラスの大発見が必要なわけではない。

人間が増《ふ》えすぎたことで環境《かんきょう》破壊《はかい》が進んでいるなら、それぞれが節電や節水、ごみの分別を徹底《てってい》するなど、身の回りでできることを考えればそれでいい。

どんなに小さな取り組みであっても、それを72億人がやれば大きな力になる。それは人間という種《しゅ》の寿命《じゅみょう》をのばすことに、必ず役立つはずだ。

1億7000万年も繁栄《はんえい》した恐竜は、人間よりも優秀《ゆうしゅう》な生物だ。恐竜を研究するということは、人間の未来をつなぐヒントをさぐることにもつうじている。

新種の恐竜はまだまだたくさんいる！

気がつけば、ぼくが本格的《ほんかくてき》に恐竜を研究するようになって、30年がたとうとしている。

ふりかえってみれば、恐竜研究の進化に負けないくらい、研究につかわれる道具も進化してきた。

たとえば、ＣＴ《シーティー》スキャナーで骨《ほね》の内部構造《こうぞう》を〝透視《とうし》〟したり、ドローンを飛ばして空から地形を観察したり。

しかし、どれだけ道具が発達しても、肝心《かんじん》の物証《ぶっしょう》が見つからなければ意味がない。

物証とは化石のことだ。

理論上《りろんじょう》、必ずいたはずだといわれる生物がいても、化石が見つかるまでその存在《そんざい》は証明されることはない。恐竜に羽毛《うもう》が生えていたかどうかという議論《ぎろん》にしても、会議室で何年話し合っても、正解《せいかい》にたどりつけるはずがないのだ。

現在《げんざい》までに見つかっている恐竜は、すでに1000種類を超《こ》える。

でも、1億7000万年も栄えた恐竜なのだから、まだまだこんなものではない。ぼくたちはまだ数パーセントもその存在《そんざい》を知らずにいる。

そのため、めずらしい化石を一つ掘《ほ》りだすことができれば、それは必ず貴重《きちょう》な材料になる。

もし新種であれば、それが恐竜の進化のどこに位置し、それが登場したことで進化のストーリーがどう変わるのかを考える。

新しい発見を得るたびに、恐竜という分野に情報《じょうほう》が追加されていくのだから、研究者としてこれほどやりがいのある分野はない。ぼくがフィールドにこだわり、みずから化石の発掘調査《はっくつちょうさ》に出かけるのはそのためだ。

結果的にぼくは、これまでに9種類の新種を発見することができた。

これをすごいという人もいるけれど、世界にはそのていどの実績《じっせき》をもつ学者はごまんといる。恐竜研究を進めていくためには、もっとたくさんの物証《ぶっしょう》を見つけなければならない。

モンゴルや北米などには、有力な地層《ちそう》がまだたくさん存在《そんざい》することがわかっている。それでも、人手が足りないため発掘《はっくつ》できずにいるケースが多いことに、やきもきする思いがある。

つまり、恐竜研究の分野はいま、人手不足になやまされている。もっと多くの研究者がいれば、新しい恐竜が次々に見つかるはずなのだ。

発掘には時間とコストがかかるし、化石をクリーニングするのにも時間がかかる。そのため、恐竜学者の数は増《ふ》えていても、研究するための材料が足りていないのが現状《げんじょう》だ。

これから恐竜学者を目指す人にとって、これはチャンスといえるだろう。きっと、新しい発見がたくさん待っているにちがいない。

あとがき

あるテレビ番組で「あなたにとってプロフェッショナルとは?」と問われたことがある。これには頭を悩《なや》まされた。

恐竜研究のプロとは、なんなのだろうか? いま、ぼくは大学に属《ぞく》し、教員として給料をもらっている。職《しょく》を得ているという意味では、プロなのかもしれない。でも、はたしてそうなのだろうか。

プロのスポーツ選手とそうでない人のちがいは、明確《めいかく》だ。所属《しょぞく》するチームから、求められている結果を出さなければ、プロにもなれないし、プロであっても契約《けいやく》を解除《かいじょ》されてしまう。ぼくのような大学教員や博物館の学芸員は、一度就職《しゅうしょく》すると、定年まで安泰《あんたい》である。スポーツ選手のような厳《きび》しい評価《ひょうか》システムはないに等しい。

ぼくは、番組での問いに「自分の未熟《みじゅく》さを認識《にんしき》できる人、謙虚《けんきょ》に他人の意見に耳を傾《かたむ》けることのできる人。」と答えた。

いま、ぼくのまわりには、素晴らしい友達がたくさんいる。アメリカには、恩師《おんし》のルイス・ジェイコブス博士や、アラスカでいっしょに命をかけて調査《ちょうさ》をしているトーニー・フィオリロ博士。カナダには、一緒に調査や研究をしているフィリップ・カリー博士。アルゼンチンには、いつも楽しく時を過《す》ごせるロドルフォ・コリア博士。モンゴルには、発掘《はっくつ》をつうじて、ぼくを育ててくれたバルズボルド博士やツクトバートル博士がいる。

ここにあげたのは友達のごく一部だが、皆《みな》に共通することがある。皆すでに恐竜研究者として、世界に名を馳《は》せているのにもかかわらず、あぐらをかくことなく、自分の手で恐竜化石を探《さが》しあて、発掘し、研究をおこなっている。最高の結果を出すためには、年齢《ねんれい》や国籍《こくせき》、性別《せいべつ》も関係なく、人の意見に耳を傾ける。彼《かれ》らのような「真の恐竜研究者」を見ていると、プロのスポーツ選手と同様に走り続け、それに喜びを感じている。

ゆえに、彼らはプロだと思うし、ぼく自身も、彼《かれ》らを見習いついていきたい。

この本を読んでくれたみんなも、もし恐竜研究の「プロ」になりたいのであれば、走り続けることだ。「恐竜が好きだ」という気持ちを持ち続け、日々新しく発見される恐竜の知識《ちしき》を得る喜びを、ぼくたちといっしょに感じてほしい。その気持ちが持てれば、君たちもすでに「恐竜研究のプロ」として一歩を踏《ふ》みだしていることになるだろう。

二〇一八年七月

小林快次

ぼくは恐竜探険家《きょうりゅうたんけんか》！

2018年7月30日　第1刷発行
2020年11月5日　第6刷発行

著者　小林快次《こばやしよしつぐ》
発行者　渡瀬昌彦
発行所　株式会社講談社
〒112-8001　東京都文京区音羽2-12-21
電話　編集　03-5395-3542
販売　03-5395-3625
業務　03-5395-3615

装幀・本文デザイン　長坂勇司（nagasaka design）
構成　友清　哲
協力　秋山詩羽　株式会社ダイアートプランニング
本文データ制作　講談社デジタル製作
イラスト　服部雅人（口絵）　柳澤秀紀（本文挿画）
写真　小林快次（口絵・本文）
むかわ町穂別博物館
（口絵：むかわ竜の尾椎骨と骨格　p.138：むかわ竜の骨格）

カバー印刷　共同印刷株式会社
本文印刷　豊国印刷株式会社
製本　株式会社国宝社

ISBN978-4-06-512425-3　N.D.C.281　191p　20cm